Angelo Maliki Bonfiglioli

Le Sel des Paroles

Angelo Maliki Bonfiglioli

Le Sel des Paroles

Proverbes des Peuls Wodaabe du Niger

Éditions Muse

Imprint

Cover image: www.ingimage.com

Publisher:
Éditions Muse
is a trademark of
International Book Market Service Ltd., member of OmniScriptum Publishing Group
17 Meldrum Street, Beau Bassin 71504, Mauritius

Printed at: see last page
ISBN: 978-620-2-29246-7

Angelo Maliki BONFIGLIOLI

« LE SEL DES PAROLES »
Proverbes des Peuls Wodaabe du NIGER

2018

* * *

« *Mbieteeka re'ataa* »
Il y n'a pas de limites aux choses qu'on peut dire

« *Nofru waaltataa* »
Une oreille ne se couche jamais à jeun.

* * *

AVANT - PROPOS

Ce livre est un recueil de 500 proverbes des Peuls Woɗaaɓe du Niger, ces grands éleveurs de zébus, qui vivent dans les régions sahéliennes à la lisière du désert du Sahara. Collectés tout au long de nombreuses années, ces proverbes ont été compris et appris dans la durée, par la participation aux paroles et aux discours du quotidien et ils ne sont pas le résultat d'une méthode d'enquête ethnolinguistique formelle.

Les proverbes de ce livre sont présentés en langue foulfouldé (*fulfulde*) et en traduction française. Sociologiquement et culturellement, les Woɗaaɓe font partie de la grande famille peule, dont les différents groupes, avec leurs propres dialectes et leurs modes de vie, habitent dans la plupart des pays au sud du Sahara, dans une vaste région allant de l'Atlantique à la Mer Rouge.

On trouve des groupes Woɗaaɓe surtout au Niger, le Tchad, le Nigeria, le Cameroun et en République Centrafricaine. Au Niger, ils constituent une population qui peut être estimée à un peu plus de 300.000 personnes, y compris tous ceux qui, à la suite des insécurités sociales et climatiques actuelles, ont quitté les terres pastorales et vivent dans les centres urbains et les villages du Niger méridional.

Ces proverbes ont été récoltés auprès des Degereeji, qui, avec les Alijam, forment l'un des deux lignages maximaux de tous les groupes Woɗaaɓe nigériens. Depuis plusieurs décades, les nombreuses tribus Degereeji (comme les Cahidooiji, les Njapto'en, les Suudu Suka'el, les Gojanko'en, les Kasawsawa, etc.) vivent au nord de Filingué et dans la région de Ouallam, et nomadisent dans les vallées fossiles de l'Azawagh et de l'Azhar, comme aussi plus à l'est, dans les régions de Tillia. Des phénomènes migratoires plus récents, à la suite des situations d'insécurité à la frontière malienne, ont poussé ces groupes jusque dans la région de Tchin Tabaraden, au nord et à l'est de Tahoua. Les tribus du lignage maximal des Alijam - comme les Ɓii Koronye'en, les Ɓii Nga'en, les Ɓii Hamma'en, les Yamanko'en, etc. - qui, jusqu'à la fin du XIXème siècle, vivaient ensemble avec les Degereeji dans de vastes régions du Nigéria septentrional, sont quant à elles dispersées dans toute la partie centrale et orientale du Niger, jusqu'à In Gall, le nord d'Agadez et Tanout et à l'est, dans la région de Diffa et du Lac Tchad.

La transcription du fulfulde est celle qui a été officialisée par le système préconisé par l'UNESCO en 1966. Les trois consonnes glottales (implosives) du fulfulde - à savoir 'b', 'd' et 'j' - ont été transcrites respectivement à l'aide des trois phonèmes "ɗ", "ɓ" and "ƴ". L'unique consonne vélaire (assez rare, par ailleurs) est transcrite par « ŋ ». Le « c », est très souvent prononcé comme un « sh » chuintant plus que comme une véritable palatale.

CARTE DU NIGER *(Source : INA TV5)*

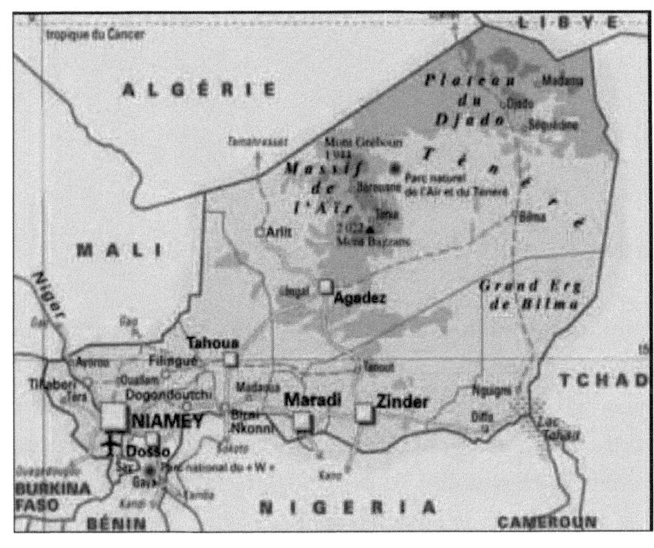

PREMIERE PARTIE : LES PROVERBES CHEZ LES WOƊAAƁE

PARLER EN PROVERBES

En fulfulde, la notion de proverbe est rendue par le terme *balndol* (pluriel : *balli* ou *balndi*). Le verbe *walnda* signifie « contourner, esquiver, éluder ». Cela se dit d'un orage, par exemple, qui contourne un endroit pour continuer sa course vers une autre direction : « l'orage (la pluie) nous a contourné » (*asamaare walndi en*). Le verbe est aussi utilisé pour désigner le fait de parler de quelqu'un, sans vraiment le nommer, en le « contournant » (*walndana goɗɗo)* en quelque sorte.[1] Ainsi, le *balndol* / proverbe est comme une parole qui contourne ou qui va au-delà d'elle-même.

Dans une forme concise, laconique, abrégée, parfois obscure, un proverbe contient toujours des propos de sagesse, des vérités, des enseignements moraux et des opinions populaires. Il comporte aussi des propos sagaces, moqueurs, drôles ou amusants, selon les cas, par l'utilisation d'images ayant une signification cachée et de métaphores faciles à mémoriser.[2]

D'une manière générale, les proverbes véhiculent presque toujours un précepte, un conseil, une admonestation, un regard critique, un propos provocateur ou un enseignement ponctuel. Le proverbe, selon une expression de Wolfgang Mieder - un des fondateurs de la parémiologie, discipline qui étudie les proverbes - répond à un besoin humain de synthétiser expériences et observations dans des concentrés de sagesse, qui fournissent des remarques tout faites sur

[1] Le verbe signifie aussi le fait de se couvrir d'un pagne à moitié - en attachant un bout sur une épaule et laissant l'autre épaule nue (*walnda wudere*).

[2] W. Mieder (2004) *Proverbs : A Handbook.* London, Grienwood Press, Westport;

relations personnelles et affaires sociales.[3] Le proverbe devient ainsi l'expression de la sagesse commune et du bon sens.[4]

Très souvent, par l'utilisation de l'image comique, la plaisanterie et l'ironie du proverbe, le locuteur tente de désamorcer des tensions sociales éventuelles, en soulignant des situations amusantes ou en ciblant les aspects comiques de certains personnages et de leurs comportements.

Chez les Woɗaaɓe, un proverbe est souvent utilisé pour simplement attirer l'attention des auditeurs, dans la mesure où le rappel de sa première partie provoque les auditeurs et les pousse à compléter la seconde partie ou alors à évoquer un autre proverbe similaire, en les invitant ainsi à s'impliquer activement dans une discussion.

Dans les proverbes, comme dans les autres formes du langage, les Woɗaaɓe manient à merveille la beauté et la structure de leur langue. En fait, leur manière de parler utilise fréquemment des sentences brèves et saccadées, avec beaucoup de répétitions, d'avancées et de retours en arrière. Leur discours n'est pas linéaire. Il suit toujours une sorte de spirale, où l'argument est approfondi par la répétition des mêmes paroles et des mêmes concepts, mais dans des configurations différentes.

Ainsi, il est parfois difficile de distinguer un véritable proverbe d'autres énoncés « sentencieux » normaux ou d'expressions imagées et métaphoriques. D'autant plus que le recours à un proverbe est souvent destiné à conférer une beauté encore plus grande à la conversation normale. Les Woɗaaɓe disent en effet que « les proverbes rendent les paroles savoureuses » (*balndi welnata haala*). De celui qui utilise les proverbes avec maestria et aisance, on dit que « son langage est clair, transparent » (*fulfulde lamnde*), que « sa parole a du sel » (*haala makko lamɗam ka woodi),* que « ses propos ne sont pas tortueux » *(haala makko lelaaki)* et que son « esprit est bien aiguisé » (*kayiiɗo)* (voir n°78).[5]

Un proverbe est défini par les Woɗaaɓe comme « une manière de parler » (*wollitiirde)* ou une façon de s'exprimer par allusion (*juneere).* Les proverbes ont la fonction de rappeler normes et valeurs. Ils sont le reflet d'un savoir dans lequel tout individu baigne dès son enfance, miroir dans lequel chacun se regarde et se reconnaît. Ils constituent un savoir « hérité », qui fait partie de « la tradition

[3] W. Mieder (2014) *Behold the Proverbs of a People: Proverbial Wisdom in Culture, Literature and Politics,* University Press of Mississippi.
[4] Selon l'expression de W. Mieder (2008) « *Proverbs Speak Loudly than Words ». Folk Wisdom in Art, Culture, Folklore, History, Literature and Mass Media.* New York, Peter Land Publishing.
[5] Les nombres renvoient aux proverbes dans la troisième partie de ce livre.

trouvée » (*towtoore* ou *towaangal*), « ce que nous avons trouvé en nous réveillant à la vie » (*ko min pini min towi*), disent les Woɗaaɓe, « un héritage » (*ndonu*). Mais un savoir aussi actualisé. En fait, à la fois pour la forme que pour le contenu, chaque proverbe cache une histoire.[6]

D'une manière générale, toutes les études parémiologiques actuelles soulignent le fait qu'un proverbe, produit original d'un auteur inconnu en réponse à des circonstances bien particulières, est par la suite accepté et approprié par la multitude et devient un énoncé adapté à des situations très variées. De cette manière, les proverbes représentent ce qui a été appelé « la sagesse de la multitude ».[7] Tout en ayant un auteur à l'origine, ils transmettent des valeurs qui se constituent au cours de générations, pour devenir à la fin le produit de tout le monde.

LES PROVERBES ET LES AUTRES FORMES DU LANGAGE

Par rapport aux autres manifestations langagières des Woɗaaɓe, le *balndol* diffère du *mallol*, qui est un conte populaire, plus ou moins long, à partir d'une trame connue à l'avance par tout le monde. Le *mallol* peut cacher un enseignement moralisateur (alors il est plutôt appelé *tinndol,* dont la racine *tinnd-* signifie l'acte de « montrer, indiquer une direction »). Parfois, les liens entre *balndol* et *mallol* / *tinndol* sont plus directs, parce qu'un *balndol* peut se limiter à rappeler d'une manière allusive la morale d'un conte bien connu par tout le monde, comme la série de contes dont certains animaux sont les personnages centraux (voir par exemple n°141, n°146 ou n°161). De cette manière, un proverbe devient comme l'étendard ou la forme raccourcie d'un récit.

Mais, contrairement à un proverbe, un *mallol* et un *tinndol* n'ont pas nécessairement un but pédagogique. Par exemple, les contes qui ont les *babbarumji* comme protagonistes principaux ont un objectif uniquement récréatif et divertissant et visent simplement à provoquer une grande hilarité parmi les auditeurs : les *babbarumji* sont des personnages étranges, indéfinis, agissant

---

[6] Selon l'expression de W. Mieder (2014) op. cit.

[7] En 1823, Lord John Russel définissait un proverbe comme : « L'esprit d'un homme, la sagesse de tous les hommes ». Cette phrase est devenue proverbiale en elle-même, comme celle d'Archer Taylor (1962), pour lequel le proverbe est « l'esprit d'une personne et la sagesse de plusieurs » (cité par W. Mieder & A. Dundes (1994) *The Wisdom of Many. Essays on the Proverb.* University of Wisconsin Press). Sur ce sujet, voir aussi: W. Mieder (2014 'Origin of Proverbs' in H. Hrisztova-Gotthardt & M. A. Barga (eds) *Introduction to Paremiology: A Comprehensive Guide to Proverb Studies"* 2004, De Gruyter Open Ltd. Warsaw / Berlin.

toujours en couple (mais parfois ils semblent être plus nombreux), l'un étant soi-disant plus astucieux et malin et l'autre plus nigaud et idiot, à moins que cela soit le contraire, et dont les aventures ou propos donnent toujours lieu à des malentendus désopilants.[8]

Il y a aussi le *talol*-devinette, où l'interlocuteur commence toujours ses phrases par la formule : « *Taale-taale* », « devinette-devinette », à laquelle tous les présents doivent répondre « *Taalette !* », avant que des questions soient posées– des questions que tout le monde adore toujours réentendre, et dont les réponses sont généralement bien connues à l'avance.[9] Ainsi, à la différence du proverbe, qui peut être utilisé en toute circonstance, contes et devinettes sont utilisés pour des occasions spéciales, représentant une sorte de coupure par rapport à la vie normale.[10]

LE DOUBLE REGISTRE DES PROVERBES

Selon Henri Gaden - administrateur colonial français, ethnologue et linguiste, qui publia en 1931 un recueil classique de proverbes et dictons peuls de toute la région du Fouta sénégalais, du Fouta Toro guinéen et du Macina malien[11]- la signification d'un proverbe ou d'un dicton « est souvent difficile à trouver, car les procédés de raisonnement de ceux qui l'emploient diffèrent des nôtres », et surtout les associations d'idées sont « déterminées par une tournure d'esprit, des coutumes, des conditions de milieu et de vie qui ne sont pas les nôtres ».

Les Woɗaaɓe disent que tout proverbe a une *hoore*, c'est-à-dire « une tête », « un bout » ou « une extrémité ». L'image rappelle une corde entortillée sur elle-même, dont il faut chercher le bout (ou la tête) pour pouvoir la dérouler et s'en servir. C'est le *hoore* qui donne à un proverbe sa signification, sa force, sa fonction, on pourrait dire son sous-entendu. Sans *hoore*, un proverbe reste une expression plate, parfois même banale. Ce qui compte, en fait, c'est qu'au-delà de

[8] Par exemple, dans le conte où un des *babbarumji* annonce la nouvelle que *ki rimaay* « il (l'arbre) n'a pas produit (des fruits) » et l'autre comprend que *Kiri maayi* (Kiri est mort), et commence à faire son deuil d'une manière bruyante.

[9] Deux exemples, parmi d'autres : (a) « Devinette, devinette : A la soupe, à la soupe ! : Proverbes de chien » (*Taale, Taale : Nyiri-ngara ! : Balndi kareeru)* ; (b) « Devinette, devinette » : Ça a trois pieds, mais ça ne marche pas : Trépieds (pour soutenir une marmite). (*Taale, taale: Ɖum woodi kosɗe tati, amma ɗum rugataako : Kaatane).*

[10] Pour être complets par rapport à d'autres manifestations de la tradition orale des Woɗaaɓe, il faudrait citer aussi les chants rituels (voir : R. Labatut (1974) *Chants de vie et de beauté des Peuls,* Paris, Publications orientalistes de France).

[11] H. Gaden (1931) *Proverbes et Maximes Peuls et Toucouleurs*. Paris, Institut d'Ethnologie.

sa première signification littérale plus ou moins évidente, le proverbe renvoie toujours, par la force de la métaphore ou de la figure, à un contenu plus général, moins circonstanciel et moins directement percevable. C'est là, d'une certaine manière, l'essence même du proverbe. Pourtant, comme noté par C. Gouffé, un proverbe « demande que l'on prête autant d'attention à son explication littérale qu'à son application situationnelle ».[12] Les deux sont étroitement imbriquées.

Selon J. C Anscombre, « un proverbe fonctionne à deux niveaux : *le sens formulaire*, c'est-à-dire celui qui correspond à la structure apparente de la forme sentencieuse, et *le sens construit*, c'est-à-dire celui qui définit le sens 'réel' de cette forme sentencieuse, et qui n'est pas toujours facile à circonscrire ».[13] Les Woɗaaɓe disent qu'à l'image d'une corde le *balndol* a deux têtes (*ko'e*, pluriel de *hoore*), deux bouts, deux extrémités, parfois même plusieurs : soit deux ou plusieurs significations, selon les contextes spécifiques et les interprétations ponctuelles et variables dans le temps. En fait, chaque génération peut proposer sa propre interprétation d'un proverbe, le proverbe devenant ainsi l'expression d'une sagesse constamment remise à jour ou réactualisée.

Pour chacun des proverbes, ce recueil présente non seulement le *balndol* (« la corde ») ou l'énoncé brut, mais aussi sa ou ses « têtes » (*hoore balndol*), en rapportant l'explication et la contextualisation données par les Woɗaaɓe eux-mêmes. L'énoncé proverbial, dans sa forme concise, devient ainsi comme un signe qu'il faut décoder.

Il suffit de citer un proverbe pour que tout le monde imagine aussitôt la ou les situations auxquelles l'énoncé est rattaché et l'enseignement ou la réflexion qu'il propose, et perçoit ainsi « là où le proverbe est orienté « (*toy ngol huuci*), sa direction ou son sens.

---

[12] C. Gouffé (1981) 'Comment recueillir et éditer les proverbes haoussa' in *Itinérances ... en pays peul et ailleurs. Mélanges à la mémoire de Pierre Francis Lacroix* (Paris, Mémoires de la Société des Africanistes »

[13] J.-C. Ascombre (2009) 'La traduction des formes sentencieuses : Problèmes et méthodes' in M. Quitout & J.S. Muñoz (éd.) (2009) *Traductologie, proverbes et figements.* L'Harmattan, Paris.

VARIETE DE PROVERBES

Le terme *balndol* peut être traduit par le terme générique « proverbe », en tant que sentence lapidaire normative, qui est réservée à des énoncés sentencieux pris globalement.[14] Mais, en fait, le terme recouvre plusieurs notions.

> En tant que *dicton*, il peut se limiter à constater un simple fait (ex. n°408 : « Ce n'est pas difficile de faire envoler des oiseaux, ce qui est difficile c'est de voir l'endroit où ils se sont posés »). Il peut exprimer *un précepte* qui enseigne une réglé de vie (ex. n°11, sur le fait de traiter tout le monde d'une manière équitable); un *simple constat* (ex. n°103 : « Le fils de celui qui haït haïra »); un *adage* qui véhicule un conseil pratique indirect (ex. n°3 : « C'est celui se tient près de feu qui se brûle »); une *sentence* qui exprime un énoncé de manière péremptoire (ex. n°149 « Ne crains pas le chien qui aboie, crains le chien qui replie son cou »); un *aphorisme*, soit un énoncé succinct qui exprime une situation banale (ex. n°231, « Celui qui n'a pas versé l'eau par terre ne pourra pas mettre ses pieds sur un sol humide »); une *maxime*, qui recommande une règle de conduite (ex. n°151, « Qu'un nouveau pied ne foule pas les traces d'un ancien pied ») ; ou un simple *conseil* (ex. n°193 : « Garde l'eau boueuse jusqu'à obtenir la bonne eau ») ; voire, enfin, une véritable *admonestation*, généralement exprimée de manière négative : « Ne fais pas ceci (par exemple, n° 38, 111, 124, 149).

Par ailleurs, un proverbe peut désigner, d'une manière plus générale, un événement qui est devenu un symbole dans les représentations populaires. Ainsi, l'expression *huunde faa warti balndol* (litt. « la chose a fini par devenir un proverbe »), signifie qu'un événement spécifique est devenu le symbole ou la métaphore de quelque chose qui a assumé une valeur générale, à la fois au niveau d'un petit groupe de parenté ou d'une communauté tout entière – dans ce dernier cas, par exemple, la peste bovine des années 1890 (appelée *sannu)* ou la famine des années 1911-13 (appelée *ngo lombo* « l'année du ventre »), sont devenues les symboles / proverbes du malheur qui frappe une multitude.

Ainsi, si le *baldnol* est fortement dépendant d'une situation concrète et immédiate, son *hoore (*ou ses *ko'e)* lui donne toujours une certaine hauteur et lui confère la valeur d'un enseignement intemporel. Et tout cela d'une manière discrète et subtile.

---

[14] F.M. Rodegem (1984) 'La parole proverbiale ', in F. Suard & C. Buridant (éd.), *Richesse du proverbe*, 2 volumes, Ed. Université de Lille III.

L'ENSEIGNEMENT MORAL DES PROVERBES

Tout en véhiculant des valeurs morales, le proverbe ne vise pas à donner des enseignements d'une manière abstraite ni à proposer des attitudes vertueuses normatives générales.[15]

Pour réprouver le menteur, le proverbe ne donne pas un précepte général (du type « ne mens pas ! ») ; mais, en utilisant une simple image, il décrit la psychologie du menteur et l'inutilité du mensonge ou les agissements du menteur et du félon : le mensonge est comme un trou peu profond (n°269), puisqu'on peut toujours voir son fonds; le mensonge ne peut pas maîtriser un fou furieux (n°261), n'a pas de jambes (n°265), ne peut pas courir (n°266), ne va pas au marché, c'est-à-dire elle n'achète et ne vend rien (n°264).

Au lieu d'affirmer que celui qui prend parti pour la vérité aura le dernier mot, le proverbe rappelle que c'est la vérité qui « pile les feuilles de la sauce », dernier acte de la préparation d'un repas (n°271) ou « qui finira par pourrir les jujubes » (n°369). Au lieu de conseiller de se contenter de ce qu'on est et de ce qu'on possède dans la vie, le proverbe dira : « Un borgne remercie Dieu le jour où il rencontre un aveugle » (n° 417). Au lieu de rappeler le rôle unique des anciens au sein de leurs communautés, le proverbe dit qu'un ancien est comme « une décharge », un endroit où on jette les déchets et les immondices, parce que sur lui tout le monde peut venir jeter ses tracas et ses peines sur lui, pour qu'il s'en occupe et y trouve une solution (n°101). Ou alors, pour rappeler l'importance de l'expérience et la connaissance des choses des anciens, le proverbe utilise, de manière suggestive, une image du monde végétal : « L'arbre sec connaît la situation de l'arbre vert, mais l'arbre vert ne connaît pas la situation de l'arbre sec » (n°82).

[15] Il est symptomatique le fait que les proverbes utilisent rarement des termes abstraits, ceux de la classe nominale *-ku)*. Il faut rappeler, à cet égard, que la langue fulfulde comprend plusieurs classes nominales, dont le nombre est variable selon les dialectes (une vingtaine en général) : cela signifie que pronoms, adjectifs et participes s'accordent à la classe du nominal auquel ils se réfèrent. Ainsi, chaque mot appartient nécessairement à une classe. Il y a une lien sémantique, pas toujours clair et évident, entre les mots appartenant à une même classe. Ainsi, par exemple, la classe *–ku* définit les termes abstraits ; la classe *-ngel*, les choses de taille petite ; la classe *-nga* les objets de grande taille ; etc. La classe *–nge* est assez singulière d'un point de vue linguistique et idéologique, puisqu'elle inclut seulement trois termes emblématiques, à savoir : *nagge* (vache), *yiite* (feu) et *naange* (soleil).

PROVERBES D'ANCIENS ET DE JEUNES, D'HOMMES ET DE FEMMES

Plusieurs proverbes Woɗaaɓe pourraient être rattachés aux classes d'âge. En effet, les anciens sont certainement les porteurs des très nombreux proverbes qui évoquent des admonestations et des conseils (pour célébrer, par exemple, des attitudes inspirées de prudence, patience, pudeur et retenue) ou qui soulignent la force des traditions ancestrales et la valeur incomparable de l'expérience vécue des choses (voir, entre autres, n°80, n°81, n°86 et n°82). Par contre, ce sont les jeunes qui portent des proverbes basés sur des énoncés comiques (n°314 et n°320), crus (n°51), scatologiques (n°315 et n°440), drôles (par exemple, n°447 et n°448) et misogynes (n°142) ou des proverbes qui rappellent les danses et les chants traditionnels (par exemple, n°45, n°96 ou n°362) ou enfin les proverbes qui se moquent des vieux qui ne savent pas assumer leur statut au sein de la communauté (par exemple, voir n°336).

Il y a, d'une part, des proverbes « féminins », qui expriment sensibilités et attitudes propres aux femmes, comme, par exemple, les énoncés qui utilisent images et métaphores d'enfants et d'animaux, le traitement de l'eau (ex. n°193), la réparation de calebasses (n°163 et n°217), la préparation de la nourriture (ex. n°421 et n°422), voire aussi certains aspects des difficultés des relations communautaires (ex. rapports entre coépouses, n°150). Et, d'autre part, il y a les proverbes « masculins », qui définissent davantage les activités et les postures propres aux hommes, en utilisant abondamment des images issues de la vie pastorale et du savoir-faire technique ou mettant l'accent sur l'expression de la virilité (n°199), la quête de la femme désirée (ex. n°35, n°165), la recherche désordonnée de plaisirs sexuels (par ex. n°338) ou la violence contre adversaires et la vengeance contre les ennemis (n°156).

LE CONTEXTE SOCIO-ECONOMIQUE ET HISTORIQUE DES PROVERBES

La compréhension littérale des proverbes n'est certainement pas possible sans une connaissance du contexte matériel de l'existence des Woɗaaɓe, de leur architecture sociale ou des caractéristiques de leur vie communautaire et familiale. D'autre part, ce sont les proverbes eux-mêmes qui jettent des lumières sur le contexte matériel et social sous-jacent.

Les proverbes ne peuvent surtout pas être compris sans une référence directe et constante au mode de vie pastoral et nomade. Avec l'évocation, par exemple, de certaines pratiques d'élevage (n°399, n°446), du personnage de l'éclaireur qui part à la recherche des pâturages au nom du groupe migratoire tout entier (n°237), du bœuf porteur (n°300), de la traite des vaches (n°309 et n°398), de la corde à veaux (n°18), du souvenir des lieux d'anciens campements abandonnés (n°6, n°403), de la corde et la puisette pour abreuver le troupeau (n°28), du berger qui abreuve son troupeau (n°447), de puits profonds (n°427), de bêtes épuisées en fin de saison sèche (n°29) ou des peines liées au gardiennage d'animaux d'autrui (n°494). D'autres proverbes font une référence explicite à certaines cérémonies claniques traditionnelles : par exemple, les chants rituels (n°45 et 46), le partage de la viande d'un taureau sacrifié (n°497) ou la remise de la dot d'une fille mariée (n°409).

Les proverbes reflètent ce mode de vie pastorale nomade, où la solidarité entre les individus et les groupes constitue une stratégie vitale pour survivre dans des environnements austères. Des décisions éclairées doivent être prises à temps au risque d'aller à l'encontre d'un désastre pour les hommes et les troupeaux. La prudence doit dicter les choix de pâturages appropriés et la recherche d'eau selon l'alternance des saisons (voir n°45, n°99); les bergers doivent s'entraider (ex. n°28, n°51, n°57); et la patience doit être apprise face aux épreuves de toute nature (ex. n°188 et n°191). Enfin, certains proverbes, qui utilisent les images de demeures fixes, de portes de maisons en banco (n°5) et de toits qui laissent infiltrer la pluie (n°72), se réfèrent plutôt aux conditions de vie sédentaire.

De nombreux proverbes utilisent des images agricoles. Ils sont le reflet des observations directes de la part des Woɗaaɓe des pratiques des populations d'agriculteurs sédentaires qu'ils côtoient, mais parfois aussi fruit de leurs propres expériences agricoles plus ou moins temporaires pendant des périodes de post-crise pastorale. Il y a, par exemple, l'image d'aires de battage du mil (n°230), d'oiseaux dont l'esprit est tourné justement vers l'aire de battage au cœur d'un village, là où ils peuvent trouver des graines pour se nourrir (n°373) ; ou l'évocation de semailles (n°359), de culture de haricots (n°364), d'élevage de poules (n°472), d'apiculture (n°238), de gerbes (n°391), de greniers (n°347), voire même du travail du tisserand (n°352), de la chasse (n°303) ou de la lutte sportive corps à corps (n°199) – activités des populations sédentaires, mais que les Woɗaaɓe ne pratiquent pas.

Certains proverbes rappellent un contexte historique précis – comme ceux qui évoquent des guerres (n°357), la condition de l'esclave (*maccuɗo*) (voir n°461),[16] la pratique circonstancielle de l'agro-pastoralisme comme stratégie de survie (n°388) ou l'évocation de l'éléphant et du lion (animaux que les Woɗaaɓe n'ont jamais vus dans les environnements où ils habitent depuis presque un siècle).[17] Il y aussi ces quelques énoncés que les Woɗaaɓe appellent *balli moodiɓɓe* ou « les proverbes des marabouts / enseignants religieux », c'est-à-dire les proverbes qui reflètent une culture islamique. De ces proverbes, seulement les plus anciens ont été retenus dans ce recueil, c'est-à-dire ceux auxquels une certaine coloration religieuse externe semble avoir été ajoutée par la suite, au risque, parfois, de dénaturer la signification du proverbe original (voir par exemple n°377). Enfin, certains proverbes pourraient être considérés très anciens, dans la mesure où ils font partie d'un fonds commun qu'on retrouve ailleurs chez d'autres groupes Peuls géographiquement très éloignés, vivant dans d'autres régions d'Afrique centrale et occidentale.[18]

LES ANIMAUX ET LES MONDE VEGETAL

De très nombreux proverbes font recours à des animaux pour représenter attitudes et comportements humains : par exemple, le varan, le chacal, la hyène, le crapaud, le chameau,[19] le corbeau, l'âne, le serpent et, bien entendu, le bovin (vache ou taureaux). Les animaux font partie de l'environnement normal de la vie des Woɗaaɓe et leurs comportements sont utilisés avec brio pour représenter des personnages concrets ou caractériser attitudes, vertus ou défauts humains.

Le chien est profondément honni, l'âne est ignoré, le corbeau moqué pour son attitude craintive (n°361), le chameau ridiculisé à cause de certaines de ses

[16] La tradition orale rappelle qu'à la fin du XIXème siècle, certains Woɗaaɓe vivant dans la partie méridionales du Dallol Bosso, possédaient des esclaves (à la suite de leur participation aux campagnes militaires ou razzias des chefs Zermas). Voir A.M. Bonfiglioli, op. cit.

[17] Comme l'hippopotame (*ngabbu*) ou le buffle sauvage (*eda*) – dont on connaît les noms, sans les avoir jamais vus.

[18] On identife la plupart de ces proverbes en donnant la référence à d'autres recueils. Quelques anciens proverbes haousa similaires sont aussi rapportés à partir d'un vieux recueil publié en 1905 par George Charleton Merrick, *Hausa Proverbs* (London, Kegan Paul & Trench & Trübner). A la fin du XIXème et le début du XXème siècle, la plupart des groupes Woɗaaɓe vivaient dans une région à très grande majorité haousa et les interactions entre les deux cultures ont été très fortes (voir A. M. Bonfiglioli, op. cit.).

[19] « Chameau », comme il est généralement appelé au Sahel, même s'il s'agit en fait du « dromadaire », camélidé à une bosse.

caractéristiques physiques (long cou, petit pénis) (n°314), et la mouche-maçon narguée à cause de ses bourdonnements inutiles, à la différence des abeilles industrieuses (n°238). La chèvre est un personnage très populaire, mais comique, par exemple à cause de l'inutilité de sa queue (n°320). Et le bovin, pilier de la vie pastorale, est l'objet d'amour et orgueil, tout en étant considéré comme la source de travaux et tâches pénibles pour les bergers.[20]

D'autres proverbes font une allusion directe au monde végétal, c'est-à-dire aux arbres, arbustes et pâturages, composante essentielle des écosystèmes des Woɗaaɓe. Les arbres qui résistent aux intempéries et aux vents violents (n°192), les arbres secs qui inespérément reprennent vie au fil des saisons (n°384) ou le petit noyau qui devient un grand palmier (n°250) : ce sont des images qui représentent différents aspects de la condition humaine. Par ailleurs, l'utilisation de ce monde végétal permet de représenter toute une variété de situations humaines : l'écorce des arbres qui est utilisée de manière différente, en fonction des espèces (n°83) ; le bois dur du *Grewia bicolor*, qui est préféré au bois léger du *Celtis integrifolia* pour fabriquer les flèches (n°459); ou les feuilles amères de la *Guiera senegalensis*, qui sont utilisées dans la pharmacopée traditionnelle (n°83).

LES CONTRADICTIONS ET LES VERITES DES PROVERBES

Il serait impossible de déduire de cet ensemble d'énoncés une sorte de doctrine générale sur l'homme et l'existence humaine, voire même une philosophie populaire. Il n'y a pas de véritable passage de la multiplicité des réflexions proposées par les proverbes à une réalité unique et cohérente. Les proverbes ne sont que des fragments de « sagesse » dans des situations bien précises. Leur ensemble ne restitue pas « une sagesse » ni « une vérité ». Ils restent sans ordre, ils sont fragmentaires et dispersés.

Très souvent, les proverbes semblent même proposer un enseignement contradictoire. Mais cela ne constitue pas un problème, si on pense justement qu'une formule proverbiale particulière n'aspire nullement à être un élément d'un ensemble rationnellement bien structuré. Selon D. W. Arnott, tout en énonçant un principe général, la grande majorité des proverbes sont exprimés en termes d'une

[20] Mais il y a aussi des bovins qui portent malheur : par exemple, la vache appelée *noontaange*, qu'on reconnaît à partir de sa robe (*leeɓre*) particulière, et dont tout éleveur cherche à se séparer.

situation particulière.[21] Tout énoncé rapporte des secteurs déterminés de l'existence humaine : c'est ce que R. Finnegan appelle « l'aspect situationnel » de tout proverbe.[22] En effet, un proverbe ne peut et ne doit être employé que dans des situations bien établies (même si la gamme de ces situations peut être assez large) et n'a aucune valeur d'enseignement absolu.

D'une certaine manière, les éventuelles contradictions entre proverbes ne sont que le reflet de la profonde ambiguïté de toute expérience humaine. Une même réalité peut être vue à partir de perspectives différentes (par exemple, la richesse est différemment perçue par le pauvre ou par le riche). Par ailleurs, le même proverbe peut être utilisé d'une manière multiple et contrastée, parce que les valeurs qu'il indique ne sont pas figées. C'est bien des situations particulières et dans des contextes précis qu'un proverbe trouve toute sa signification.

> Devant certains cas, les différences entre « généreux » et « ingrats » peuvent s'estomper (voir n°50). La politesse (par exemple, celle qui se traduit par le fait de s'excuser pour une faute ou une maladresse) est certainement une vertu, mais elle peut aussi être vue comme un défaut (n°122). La richesse est incontestablement un bonheur pour l'homme, mais elle peut aussi cacher en elle-même une profonde ambiguïté (n°481). On dédaigne tout ce qui est pourri, mais on l'apprécie par rapport à ce qui est crévé (n°381). La vie en communauté est pour l'individu une force et une sécurité (n°4 et n°25), mais elle peut aussi devenir la cause de mésententes et de disputes très graves (n°114). Voyager avec un compagnon rend plus facile un voyage, à moins que le compagnon ne soit désagréable (n°125). Une épouse représente ce que tout homme recherche pour constituer une famille et avoir des enfants, mais un mariage peut aussi être la cause d'inimitiés et de haines (n°170). La vérité doit être toujours recherchée, même si elle est parfois amère (n°89 et n°90), mais dans certaines occasions, elle doit être évitée ou cachée (n°94).

L'enseignement du proverbe est toujours « vrai », dans le sens qu'il est toujours un miroir de la réalité, telle qu'elle est perçue. Mais la « réalité » est toujours multiforme, insaisissable et ambiguë. Ainsi, dit un proverbe, tout le monde aime bien être massé, mais le maigre n'aime certainement pas cela (n°439)– ce qui veut dire qu'un pauvre, pour sortir de sa misère, n'a certainement pas besoin de simples paroles d'encouragement, mais d'actes concrets. On prépare normalement une bouillie avec de la bonne farine de mil, jamais avec du

[21] D.W. Arnott (1957) 'Proverbial lore and word-play of the Fulani' in *Journal of the International African Institute*, Vol. 27 Issue 4, October 1957, p. 379-396.
22 R. Finnegan (2012) *Oral Literature in Africa* [online] Cambridge, Open Book Publishers.

son issu de la mouture de mil (qu'on donne normalement aux animaux); et, pourtant, en temps de famine, c'est bien le son qu'on recherche avec un grand empressement (n°421 et n°422). L'odeur du brûlé est désagréable, mais celui qui est en train de brûler y fait bien peu d'attention, puisque dans sa situation ce n'est pas tellement cette odeur qui le tracasse (n°425). L'accueil d'un hôte est sacré (n°66), mais on est bien content de voir repartir l'étranger (n°196 et n°197), surtout si on ne l'apprécie pas beaucoup (n°162). Le fait de mendier est honteux, mais il est préférable au fait de voler les biens des autres (n°256). Ces constatations sont ainsi le reflet de la pluralité des situations réelles. Ce qui est bon n'est pas toujours bon. Et vice-versa, ce qui est mal n'est pas toujours mal !

STRUCTURE DES PROVERBES

Les proverbe utilisent des procédés stylistiques très variés. Un proverbe peut être constitué par une phrase entière, dont la signification littérale est très claire, par exemple : « Celui qui n'a pas versé l'eau par terre ne pourra pas mettre ses pieds sur un sol humide» (n°231), mais dont le sens figuratif reste toujours plus ou moins caché. Mais, le plus souvent, le proverbe utilise une expression laconique, parfois obscure, comme par exemple : « A la paix appartient le silence » (n°74).

La grammaire d'un proverbe est souvent torturée. Certaines constructions elliptiques sont presque incompréhensibles au premier abord - par exemple : « Tout ce que le ventre » (n°258). Parfois, un proverbe n'a pas de véritable sujet, mais est constitué par deux formes verbales accrochées l'une à l'autre (ex. : « Donner-reprendre » n°296 ; ou « S'accroupir-tirer » n°303) ; voire même par quatre verbes (« Mentir-gagner, mentir-perdre tout » n°262). Certains proverbes utilisent de manière efficace des syntagmes, à savoir des mots composés de deux mots imbriqués (ex. n°147 : au sujet de « celui-à-la-parole-facile »). Ou alors il est constitué par une confrontation entre deux situations, avec l'utilisation du comparatif « vaut plus que » (*e ɓuri*), liant deux termes (ex. « Le proche vaut plus que celui qui n'est pas proche »,n°2) ou deux expressions verbales, avec leurs sujets respectifs) (ex. « 'J'ai vu' vaut plus que 'j'ai entendu dire' », n°98 ;)[23] ou alors par deux nominaux sans aucun verbe (ex. « Honte profit », n°224). Souvent, certains proverbes sont construits sur des mots qui ont une place emphatique

[23] On trouve le comparatif « être plus que » dans 27 proverbes de ce recueil.

particulière (par exemple, n°3 « C'est celui qui se tient près du feu qui se brûle », ou n°234 « C'est l'intelligence qui boit la bouille de la gourde »).

Un proverbe peut utiliser des expressions paradoxales : « Qui n'aime pas le sang ne va pas dans un abattoir » (n°301); ou des hyperboles (« Traire la vache, couper son pis » (n°309). Certains proverbes comportent une simple interrogation directe (« Est-ce que l'odeur de brulé tracasse celui qui a été brulé ? » (n°425) ou indirecte (« C'est la hâte qui fait dire : 'Qu'est-ce que la vache a mis bas ?' » (n°207) ; ou alors de simples observations, comme par exemple : « Depuis qu'il est un petit arbuste on reconnait un arbre d'ombrage » (n°225).

Quelques proverbes sont construits sur une *assonance* ou un simple jeu de mots : « La prison (*kasu*) ne ressemble pas au lait (*kosam*)» (n°392) ; ou une *rime* : « 'Viens-vivons ensemble' est 'viens-gâtons-nous ensemble' » (n°114) ; ou alors ils utilisent une *allitération* facile à retenir, par exemple : « Suis-suis (*tokku-tokku*) ne te fâche pas (*ta' tikku*) ! » (n°195) ; « Moque-toi du moqué » (n°143) ; « Dix (*sappo*) jours montrent (*sappata*) le caractère de quelqu'un » (n°40) ; ou « Celui qui a voulu faire le malin (*ŷoŷnyðo)* avec le malin (*ŷoŷðo*) (n°311) ou toute construction facile à retenir (comme n°279).

Quelques proverbes comportent un *chiasme*, par exemple : « La main gauche a lâché, la main droite n'a pas encore saisi » (n°204), pour exprimer une action maladroite ; ou « Priver le ventre, donner au ventre » (n°228), pour exposer la double dynamique de la générosité. D'autres proverbes comprennent différentes formes de *parallélisme*, par exemple : « L'enfant mange les figues sauvages, les figues sauvages font évanouir l'adulte » (n°139) ou « Qui précède (celui qui est devant) regarde devant » (n°86) ou : « J'ai gagné un peu" c'est mieux que "je n'ai gagné même pas un peu" (n°259). Enfin, certains proverbes font aussi recours à la magie ou la valeur symbolique des nombres (n°40, n°279, n°2978).

ORGANISATION DU LIVRE

Ce livre comprend trois parties distinctes et complémentaires. Après cette première partie introductive, la deuxième partie tente d'identifier les grands thèmes ou sujets des proverbes (en fonction de leur signification et non pas de leur sens littéral premier), à partir de quatre catégories principales : le vivre ensemble, les bonnes manières, les mauvaises manières, et l'expérience du bonheur et du malheur. La troisième et dernière partie est constituée par le corpus proprement dit des proverbes.

Chaque proverbe est présenté en langue fulfulde et traduit en français d'une manière très fidèle, presque mot à mot, pour laisser savourer le goût de l'expression originale. Des explications additionnelles permettent de mieux comprendre le contexte général de son utilisation ou sa signification implicite. Ces explications (également en fulfulde et en français) ont été fournies par celles et ceux qui sont les véritables auteurs de ce recueil, qui ont contribué à « *cueillir* » les proverbes « *cachés au milieu des paroles* », à décrire leurs significations et à donner un sens précis aux mots.

De cette manière, dans le contexte actuel d'un intérêt renouvelé pour la culture populaire et les traditions orales en Afrique et ailleurs, ce livre constitue une contribution originale pour une meilleure connaissance de la culture et de la langue des Peuls. Il s'adresse, avant tout, aux jeunes Peuls eux-mêmes pour les aider à garder vivante la flamme de leurs traditions culturelles. Mais il s'adresse aussi au grand public pour nourrir son intérêt pour la sagesse populaire et aux spécialistes pour leur apporter des données anthropologiques et linguistiques inédites.

DEUXIEME PARTIE : IMAGES ET REPRESENTATIONS

CLASSEMENT DES PROVERBES

La nature même des proverbes rend très difficile toute forme de classement.[24] H. Gaden avait classé ses 1.282 proverbes et dictons peuls à partir d'un très grand nombre d'aspects : les sentiments affectifs, le pouvoir, les biens et les maux, le caractère, les sentiments personnels, la parole, la bienfaisance et l'avarice, l'honnête, la sagesse pratique, etc. A. Issa et R. Labatut ont regroupé 64 proverbes des Peuls nomades Dageeja du Nord Cameroun sous des titres tels que : le goût de la liberté, le besoin de considération, la poursuite de la richesse ou la constance, la retenue et le courage.[25] R. Leger et A. B. Mohammad ont présenté quelques proverbes peuls autour du concept de *pulaaku*.[26]

Enfin, de nombreux proverbes ont été incorporés par H. Tourneux dans des dictionnaires thématiques (dialecte peul du Nord Cameroun).[27]

---

[24] Comme rappelé par R. Finnegan (op. cit . 2002), on utilise parfois des tables de matières à partir des animaux (sauvages ou domestiques), les plantes, les étrangers ou les guerres. Pour d'autres recueils, les classifications comportent des sections pour « hommes et femmes », « vie domestique », « vie et mort », « pouvoir », « ruse » et, bien entendu, « divers ». W. Mieder (op.cit p. 17) cite le travail de M. Kuusi et O. Lauhakangas, qui, pour établir des archetypes de la pensée humaine, ont établi un système international de classification des proverbes, typologie des proverbes et terminologie parémiologique : ce système comprend 13 thèmes principaux couvrant la plupart des aspects de la vie humaine, tels que concepts de moralité, attitudes de base, vie sociale, interactions sociales, position sociale ou adaptation et apprentissage - comprenant 52 classes principales, elles-mêmes subdivisées en 325 sous-groupes.

[25] A. Issa – R. Labatut (1974) *Sagesse des peuls nomades*. Yaoundé, Editions Clé.

[26] R. Leger & A.B. Mohammad (2000) 'The concept of Pulaaku mirrored in Fulfulde dialect of the Gombe district' in *Berichte des Sonderforschungsbereichs* 268, Band 14, Frankfurt a.M. 2000: 299-306.

[27] H. Tourneux – D. Yaya (1998) *Dictionnaire peul de l'agriculture et de la nature (Diamaré, Cameroun).* Suivi d'un index français-fulfulde, Ed. Karthala / CTA / CIRAD, Paris / Wageningen / Montpellier ; et H. Tourneux (2007) *Dictionnaire peul du corps et de la sant,.* Karthala, Paris. Plus rares sont les classements des proverbes par ordre alphabétique. Dans son recueil de proverbes mossi, par exemple, D. Bonnet justifie cela par le désir de « choisir l'arbitraire de l'enonciation, plutôt que satisfaire

Par rapport à leur signification (et non pas leur sens littéral), les proverbes de ce recueil sont présentés à partir de quatre perspectives thématiques générales. Cela est, bien entendu, arbitraire, y compris à cause du fait que certains proverbes pourraient être classés sous différents catégories.[28]

Il y a d'abord les proverbes qui traitent du vivre ensemble, avec l'évocation de la force des liens communautaires et des formes de solidarité qui existent entre les individus, le rôle des leaders et des anciens au sein de la communauté, mais aussi le rappel réaliste de toutes les difficultés et les tensions du vivre ensemble, par exemple au sein des foyers (rapports entre conjoints) ou des groupes familiaux élargis.

Par la suite, il y a les proverbes qui évoquent ce que les Woɗaaɓe appellent « les manières » (*mbiirdi*): d'une part, « les bonnes manières », ou les attitudes de patience, modération, sobriété, retenue ou générosité, qui doivent caractériser toute personne droite, c'est-à-dire toutes les manières d'être et de vivre convenues et acceptées, éléments indispensables permettant de construire et consolider une communauté ; et, d'autre part, les « mauvaises manières », celles qui caractérisent le comportement des orgueilleux, les paresseux, les ingrats ou les égoïstes, dont les manières d'être et d'agir menacent de l'intérieur les valeurs sociales sur lesquelles les communautés sont bâties.

Il y a, enfin, tous les nombreux proverbes qui traitent de la recherche du bonheur et de la paix, comme aussi des aspects multiples, parfois contradictoires, de la richesse et de la pauvreté et des rapports complexes et ambigus qui existent entre riches et pauvres au sein des communautés.[29]

VIVRE ENSEMBLE AU SEIN DU GROUPE

De nombreux proverbes concernent les multiples aspects du vivre ensemble et expriment la force des liens qui rattachent tout boɗaaɗo (singulier de Woɗaaɓe)f à sa famille (*iyaalu*), son groupe de parenté (*lenyol*) et l'ensemble de

à des nécéssités de classifications impératives » (D. Bonnet (1982) *Le proverbe chez les Mossi du Yatenga, Haute-Volta.* Société d'Etudes linguistiques et anthropologiques de France, SELAF, Paris). Kirk-Greene a aussi présenté cinq cent proverbes haoussa en les classant en ordre alphabétique, mais cela l'avait évidemment poussé à privilégier indûment les mots sans intérêt particulier (voir : C. Gouffé, op. cit. 1981).

[28] Sur l'ambiguïté des différentes manières de classer les proverbes voir aussi : C. Leguy (2008) « En quête de proverbes » in *Cahiers de Littérature Orale*, 2008, 63-64.

[29] A la fin du livre, un index présente à la fois les mots utilisés dans l'expression littérale des proverbes et les principaux thèmes.

la communauté. Il s'agit de liens qui affectent la vie quotidienne, mais qui acquièrent une valeur particulièrement importante à l'occasion des épreuves de la vie : décès, maladies, épidémies animales, sécheresses, vols et pillages, c'est-à-dire ces événements qui marquent constamment les existences dans les environnements rudes et austères dans lesquels les Woɗaaɓe vivent.

Les proverbes utilisent une variété d'images pour rappeler que la seule manière de résister et d'être résilient devant ces malheurs consiste toujours à s'appuyer sur les liens sociaux et réaffirmer la valeur de l'entraide et la solidarité au sein du groupe.

> Les Woɗaaɓe affirment être unis tous ensemble par le *gaccungol mboɗangaaku :* à l'origine, le *gaccungol* désigne la corde qui, pendant les migrations pastorales, permet d'attacher le bagage rituel (appelé *eletel* ou *kaakol)* du foyer au bœuf porteur.[30] Mais il désigne aussi la corde sur laquelle les jeunes accrochent leurs parures (par exemple, le *njaardiri*) à la fin des danses rituelles (comme le *geerewol*) qui sont organisées en hivernage pendant le grand rassemblement clanique annuel (appelé *worso*), pour exprimer l'unité du groupe. Ainsi, le *gaccungol* (appelé aussi *ba'ajol* «lanière ») finit par désigner la communion qui existe entre tous les Woɗaaɓe. Le terme *mboɗangaaku*- qui appartient à la classe nominale *-ku* (celle des concepts abstraits) - définit la notion même « d'être *boɗaaɗo ».*[31] Pour un boɗaaɗo, la plus grave faute sociale consiste à « lâcher la corde du *mboɗangaaku » (yofa gaccungol mboɗangaaku)* et ne plus suivre les normes et les règles de la tradition. Le *mboɗangaaku* est conçu comme « un enclos » *(hoggu)* – non pas une prison, mais, un espace protecteur, un milieu nourricier.

A part la langue parlée, le terme *fulfulde* désigne aussi un type de comportement et un code de conduite : « quelqu'un qui a du fulfulde » (*tagu mo fulfulde)* désigne non pas celui / celle qui parle la langue fulfulde (on dirait alors *pulpulo*), mais la personne dont l'attitude, la démarche et la manière de penser et d'agir correspondent à l'idéal collectif de tous les membres de la grande famille peule.

Ainsi, « la voie du fulfulde » (*laawol fulfulde*) – appelée aussi « la voie du *mboɗangaaku »* (*laawol mboɗangaaku) »* dans le cas des Woɗaaɓe- désigne un véritable code de conduite, l'ensemble des normes que chacun doit suivre et les comportements auxquels chacun doit se conformer, tels que la patience dans les

---

[30] Un bagage normal (*kaggu*) est attaché sur un bœuf porteur, un chameau ou un âne avec une simple corde (*ɓoggol).*

[31] Le terme *mboɗangaaku* est lié à *mboɗa* (pl. *mboɗaaji*), interdit (voir aussi n°140).

épreuves ou la résignation (*munyal*), le respect ou la crainte révérencielle (*kulol*) vis-à-vis des anciens, le courage ou la virilité (*ngorgu*),[32] l'honnêteté (*goongaaku*), la retenue ou la réserve (*semteende*) ou l'accueil de l'hôte (*koɗaaku*)- d'autant de thèmes qui sont éclairés par les proverbes. Le *laawol mboɗangaaku* désigne aussi le respect et l'observance de toutes les cérémonies rituelles, particulièrement celles qui ont lieu au cours des rassemblements claniques annuels (voir par exemple n°45) - qui permettent à la communauté de s'exprimer, de se consolider et de se reproduire. D'une manière générale, selon D. W. Arnott, la notion de *laawol fulfulde* est à la fois un signe d'identification ethnique et un sentiment de cohésion sociale.[33]

Enfin, le terme *pulaaku* (ou aussi *pullanaaku*) désigne un type spécifique de comportement que tout boɗaaɗo doit adopter, caractérisé surtout par la retenue, la sobriété et la pudeur. C'est le *pulaaku*, par exemple, qui interdit à un homme (ou femme) de manifester publiquement tout sentiment vis-à-vis de son premier-né (*afo*) ou de son conjoint, y compris de prononcer leurs noms ou de donner des nouvelles sur leur état de santé (voir n°55); ou dicte une attitude d'évitement vis-à-vis des beaux-parents (*eesiraaɓe*) ; ou impose une distance physique et mentale entre membres de classes d'âge différentes.[34] Le *pulaaku* est opposé, par exemple, au *kaaɗaaku*, soit la manière de se comporter du *kaaɗo* (pl. *haaɓe*), c'est-à-dire celui qui n'appartient pas à la grande famille peule.[35]

Les leaders du groupe

Plusieurs proverbes traitent des adultes / anciens (homme ou femmes) et du rôle incontournable qu'ils jouent au sein de la communauté. Ils sont les gardiens de la tradition, les dépositaires du savoir et des expériences (n°80). Une expression dit qu'ils « connaissent l'origine des chose » (litt. *fina-weeta*, « les matins des choses »). Ils sont les véritables piliers de leurs communautés : c'est vers eux que les jeunes se tournent pour avoir conseils et directions. C'est à eux qu'on doit montrer du respect (n°92 et n°93) et c'est devant eux qu'on doit

---

[32] De la même racine qui donne *gorko* « homme ».

[33] D.W. Arnott cité par M. Amadu & A.H.M. Kirk-Green (1986) *Pastoralists of the West Africa Savannah* Manchester University Press.

[34] Le verbe associé *fuldira* signifie « se comporter en conformité avec les principes du *pulaaku* ».

[35]Dans le contexte nigérien, en fait, le terme *haaɓe*) désigne principalement les Haoussas, les Zérmas ou le Kanouris, mais pas les Touaregs (*Pe'eli*) et les Arabes (*Arabanko'en*). Le terme *kaaɗo* dérive du verbe *haaɗa*, être amer (voir aussi un autre terme pour les désigner d'une manière allusive : *lammuɓe*, « les âpres », « les acerbes »).

s'accroupir (*dissana*) au cours des salutations. Une des manières les plus fortes pour désavouer un individu est de dire qu'il « n'accepte pas la parole des adultes » (*o jaɓataa ﬁlla ndotti'en*). Un jeune doit toujours pouvoir compter sur l'appui d'un adulte : d'une manière comique, un proverbe dit qu'en dans des situations de détresse, les jeunes doivent pouvoir s'accrocher « à la barbe de leur père» (n°65).

On dit, par ailleurs, que « tout homme adulte mérite du respect » (*ndottiijo fu e yiði hornaneego*). On rappelle, d'une manière discrète et sobre, qu'on ne doit jamais contredire publiquement les propos d'un adulte (n°95) ou, d'une manière imagée, qu'on ne doit pas tenir la bride du cheval monté par un adulte (n°92). On loue l'ancien qui a eu de nombreux enfants et petits-enfants et on dit de lui qu'il « s'est étiré vers le nord » (*o forri woyla*).[36] A la mort d'un vieux, son fils aîné égorge en sacrifice le plus beau taureau de son troupeau.[37]

> Il y a plusieurs manières pour désigner les adultes, les anciens, les leaders ou les notables du groupe: (i) le terme *mawðo* (pl. *mawɓe)* dsigne « le grand (homme / femme) », de la racine *maw-,* être grand, qui donne, entre autres, les termes *manngu* (grandeur) ou *mawniraawo* (grande-frère);[38] (ii) à l'origine, le terme *arðo (pl. arðo'en),* litt. « celui qui se tient devant, de la racine *ard-*, « précéder, se tenir devant », désigne le meneur des troupeaux, celui qui donne la direction des mouvements pastoraux du groupe migratoire; par la suite, le terme a aussi reçu une connotation politique, en devenant presque le synonyme de *laamiðo*, chef administratif ou politique, le détenteur du *laamu* (pouvoir) ou *hakimeejo*, terme d'origine arabe; et enfin (iii) le terme *ndottiijo* (pl. *ndotti'en*) désigne l'homme mûr, qui a atteint l'âge avancé (*ndottaaku),* opposée au *kae'aaku* (jeunesse).[39] A noter que la vieillesse, en tant que telle, n'entre pas dans la définition du leadership : le fait d'être biologiquement *na'eejo* ou vieillard ne donne pas automatiquement un statut social au sein de la communauté.

Dans un récit qui évoque un homme qui meurt après une longue et heureuse vie, entouré par le respect (*hersa*) et « la crainte révérencielle » (*kulol)* des autres,

---

[36] L'image, d'origine végétale, est celle du campement qui s'étire dans l'espace, la demeure de l'ancien étant située au sud et celles de ses fils mariés s'égrainant vers le nord.

[37] L'expression dit alors qu'on « a apporté l'eau » au défunt (*o waddanaama ndiyam).*

[38] Voir l'utilisation de ce terme dans de très nombreux proverbes : ex. n°85, n°87, n°88.

[39] Un homme ne peut pas faire partie des *ndotti'en* qu'après avoir accompli la cérémonie de l'*unirki*, au cours de laquelle, après avoir rasé ses tresses, il « pile » (*una*) de grosses quantités de mil pour préparer un grand repas pour l'ensemble du groupe. A partir de ce moment, il sort de la société des jeunes et ne peut plus participer à leurs réunions nocturnes (appelées *lalwwuðe).* Pour une femme, c'est le terme *yeyiriijo* (pl. *yeyiriiɓe*) qui désigne la femme adulte qui a déjà mis au monde plusieurs enfants.

on dit de lui : *o maayi e sutura, o maayi nder juuɗe duuniyaaru,* « il est mort dans la plénitude, il est mort dans les mains des gens » : le mains des gens ne l'ont pas abandonné, les gens l'ont respecté jusqu'au bout, il n'a pas été laissé seul devant sa mort, mais il a été entouré par toutes ces mains qui enterreront son corps (voir aussi n°251).

C'est aussi devant les adultes qu'en cas de faute grave, tout homme ou femme doit plier les genoux et demander pardon (*tukka tuubana*) pour réintégrer la communauté. Ce sont eux qui ont la connaissance pratique des choses. Leur expérience peut permettre aux jeunes d'apprendre et ne pas commettre les mêmes erreurs (n°86). Dans une communauté, les générations se succèdent, mais le respect de ceux qui ont précédé reste et s'affermit. Ainsi, les fils suivent le modèle de leur pères, les jeunes suivent les traces des aînés. Les aînés ont l'expérience des choses (n°80 et 82). Ils donnent la direction (voir n°88) et leur parole « ne tombe pas par terre » (n°94). Ils sont comme « la bride » qui permet au bœuf porteur d'aller de l'avant (n°87). Mais ils doivent aussi assumer la responsabilité des fautes des jeunes (voir n°139). Cette représentation idéologique des rapports entre les générations est très forte. Elle a, entre autres choses, le rôle de souligner la continuité et la permanence des valeurs sociales au sein de la communauté, pour lui permettre de s'affermir, se reproduire et s'épanouir.

La vie communautaire

Les proverbes les plus nombreux se réfèrent à la vie communautaire et les rapports entre individus.[40] La vie commune est nourrie par l'entraide (par exemple, les femmes qui travaillent ensemble pour piler le mil ou partent chercher dans la brousse environnante du bois ou des herbes et des feuilles comestibles et médicinales), le partage des tâches pastorales quotidiennes (par exemple, le creusage collectif d'un puisard ou la garde des troupeaux, ou la recherche d'une bête égarée), la solidarité dans le malheur et la souffrance, celle qui s'exprime, par exemple, par le prêt de vaches (voir n°24) ou de bêtes laitières pour une saison ou d'un taureau reproducteur; l'accueil de l'hôte (n°66).

[40] Même constat chez R. Leger (2014), 'Proverbes et maximes peuls : collecte et traitement' in U. Baumgardt et A. Diallo (éd.) *La transmission culturelle. L'exemple du peul* (Paris, Karthala)

Plusieurs proverbes rappellent spécifiquement différentes formes de don ou de prêt de bétail entre individus et familles (ex. n°24, n°280 et n°387), des pratiques qui permettent de raffermir les liens sociaux et de consolider la communauté. Par le biais de dons et contre-dons, le groupe se constitue, se renforce et établit des alliances avec d'autres groupes, au sein de reseaux communautaires élargis.

Parmi toutes les formes de prêt de bétail, celle de « la vache attachée » (*nagge haɓɓana'e*) ou "vache partagée" (*nagge hawtara'e)* est certainement la plus prestigieuse. Il s'agit d'un prêt temporaire d'une vache à un ami, un jeune ou un pauvre, pour lui permettre de se constituer un troupeau : les deux ou trois premiers vêlages et la production laitière de cette bête appartiendront au récipiendaire du prêt et, par la suite, la bête sera restituée à son propriétaire légitime. Il est très fréquent que quelques années après la restitution de la bête *haɓɓana'e*, l'ancien recipiendaire (ou un autre membre de son groupe de parenté) prête à son tour une vache à son ancien prêteur (ou à un autre membres de son groupe) : c'est la tradition dite *ɓokkorde* (litt. "la queue"). Ainsi, la communauté se construit et se solidifie par le bias de dons et de contre-dons.[41]

Il y a aussi d'autre formes de prêt de bétail: la vache *diila'e* est une bête laitière prêtée pour une saison, pour subvenir aux besoins en lait d'une famille pauvre; un boeuf porteur (*googaari*) pour permettre à une famille démunie de transporter les affaires de la maison pendant la transhumance d'un hivernage; ou un taureau reproducteur (*kalhaldi*) reputé pour ses qualités, pour des saillies au cours d'une saison.

Mais la vie communautaire est aussi fortement menacée par des discordes (n°114), l'impossibilité à communiquer (comme entre aveugles et sourds-muets, n°128), les jalousies entre coépouses, les violences et différentes formes de compétition entre les individus et les familles.

Les proverbes ne donnent pas toujours l'image idéale d'un corps social harmonieux, où tout le monde se conformerait aux attitudes convenues. Ils sont aussi, et peut-être surtout, le reflet de ces nombreuses tensions sociales qui parcourent et déchirent les familles et les groupes dans des environnements naturels fragiles et menacent constamment la survie même de la communauté.

[41] Pour tos ces aspects voir : A. M. Bonfiglioli (1988) *DuDal. Histoire de famille et histoire de troupeau chez un groupe de Woɗaaɓe du Niger* Cambridge et Paris, Cambridge University Press & Editions de la Maison des Sciences de l'Homme.

Les mariages

Le mariage, base de toute la communauté, est l'objet direct ou indirect de plusieurs proverbes. De manière remarquable, cependant, ce sont surtout les risques du mariage ou les risques potentiels liés à tout union entre homme et femme qui sont visés par les proverbes. Après les premiers sentiments d'amour, de passion ou d'admiration réciproque – qui ne durent que « deux jours » - il faut construire la relation du mariage (comme toute autre relation sociale) sur les bases solides de la patience et la persévérance (n°209). Pour réussir, un mariage doit remplir des conditions psychologiques, affectives, physiques et économiques nombreuses. Autrement, le mariage devient une source de discorde et de conflit.

Pour comprendre le contexte, il faut brièvement rappeler que les Woɗaaɓe distinguent deux types majeurs de mariage entre un homme et une femme.
Le *koobgal* est le mariage arrangé par les parents d'un garçon et d'une fille dès leur plus jeune âge, au sein généralement d'un même groupe de parenté proche (mariage endogame). Le *koobgal* idéal est, en fait, le mariage entre cousins croisés. L'établissement de ce mariage comporte plusieurs cérémonies et rituels tout au long de nombreuses années : donations successives de bétail et d'autres dons entre les familles, remise rituelle de bêtes au père de l'épouse, sacrifices de trois taureaux échelonnés dans le temps, cérémonie de l'arrivée officielle de la jeune épouse chez son mari, long séjour de la jeune épouse – presque deux ans de réclusion - chez son propre père pendant toute la période de sa première grossesse (période appelée *boofnɗam*) et retour de la jeune épouse-mère, avec son enfant, au campement du mari.

Le *te'egal*, par contre, est le mariage rapide, qui échappe au contrôle des familles et qui est contracté librement par deux adultes consentants, appartenant généralement à des groupes de parenté éloignés (mariage exogame).[42] Ce type de mariage, évoqué directement par plusieurs proverbes (ex. n° 108, n°15, n°158, n°169, n°173) est arrangé, légalisé et institutionnalisé à la suite d'une cérémonie très simple (sacrifice d'un seul taureau dès que la femme rejoint le campement de son nouveau conjoint) et l'attribution à la nouvelle épouse d'un petit stock de bétail. Un *te'egal* est contracté à la suite d'un véritable rapt ou vol (*nguyka*) de part de l'homme : il est comme un acte de guerre (*konu*) déclaré par un homme

[42] Le mariage-*koobgal* est appelé « mariage primaire » et le mariage *te'egal* « mariage secondaire » par Marguerite Dupire (1962), *Peuls nomades*, Paris, Institut d'Ethnologie. Pour toute cette discussion sur les formes de mariage voir aussi : M. Dupire (1970) *Organisation sociale des Peuls. Etude d'ethnographie comparée,* Paris, Plon.

(et son groupe de parenté entier) contre un autre individu, à savoir le mari légitime de la femme (et son groupe de parenté tout entier). C'est un acte d'inimitié, qui, malgré le fait d'être déplorable, garde pourtant toute sa légitimité dans la mesure où il est prévu et réglementé par la tradition (il ne serait jamais pratiqué au sein du groupe de parenté proche et ne ferait jamais l'objet d'une plainte devant des tribunaux). C'est un acte qui ne sera pas oublié (voir n°157 et n°158) et qui pourra même faire l'objet de différentes formes de rétorsion, de vengeance et de violence, à plus moins longue échéance, de la part du clan de l'individu qui a subi le tort, et de contre-vengeance. De nombreux proverbes se réfèrent à ces situations d'une manière plus ou moins explicite.

Les deux adultes qui contractent librement un *te'egal* sont déjà forcement liés à d'autres conjoints par un mariage *koobgal.* Ainsi, dans une situation de polygamie, un homme peut avoir simultanément et, souvent, cohabiter avec deux ou plusieurs épouses, à savoir une femme *koowaaɗo,* mariée selon le *koobgal,* et une femme (ou plusieurs) *te'aaɗo.*[43] Pareillement, dans une situation de polyandrie, une femme peut aussi avoir plusieurs époux simultanément, tout en cohabitant avec seulement un d'entre eux, à savoir un *koowɗo* et un *te'uɗo,* respectivement un époux selon le mariage *koobgal* et un conjoint (voire même plusieurs conjoints) selon le mariage *te'egal.* En effet, le divorce est rare chez les Woɗaaɓe, et le rapt ne provoque que rarement une séparation définitive avec le premier époux légitime : cela laisse toujours la possibilité à une femme de revenir chez son conjoint du *koobgal,* sans cesser pour autant d'être l'épouse de celui qui l'a enlevée (ou, vice-versa, rester chez le *te'uɗo,* sans cependant cesser d'être l'épouse de son *koowɗo*) (voir n°173). Cela laisse aussi la possibilité à un mari légitime de *koobgal* de reprendre son épouse après un temps plus ou moins long qu'elle aurait passé chez son mari de *te'egal.*[44]

Au sein d'un foyer, il y a une jalousie proverbiale entre femme *koowaaɗo* et femme *te'aaɗo,* la première étant la véritable *jom suudu* (litt. « celle de la maison ») et la seconde étant appelée, de manière quelque peu méprisante,

[43] Une très grande majorité d'hommes adultes a pratiqué au moins une fois un mariage *te'egal* dans sa vie, même si d'une manière éphémère et instable. A noter que c'est au père d'une femme *te'aaɗo* (non au mari légitime) que revient la responsabilité d'aller rechercher jusqu'à deux ou trois fois la femme qui a été enlevée d'une manière consentante, pour la ramener à son mari *koowɗo* légitime, à la fois pour ne pas perdre sa dot et pour garder la paix au sein du groupe de parenté élargi.

[44] A ces deux mariages, il faut ajouter un troisième type de mariage, à savoir le *ba'atal* ou lévirat, entre le frère d'un défunt et la veuve de son frère – avec ses avantages et ses contraintes (l'intégration de la femme *ba'ataaɗo* et ses enfants dans leur nouvelle famille n'est pas toujours aisée).

yeyiriijo fombinaajo (la femme du sud), en indiquant ainsi la position géographique de son foyer par rapport au campement du mari. D'une manière générale, tout en respectant les droits de sa femme *koowaaɗo*, mère de ses enfants, un homme garde toujours un lien affectif particulier avec son épouse *te'aaɗo*, parce qu'elle est l'épouse qu'il a lui-même choisi et obtenu d'une manière directe, souvent au prix de fortes privations et sacrifices personnels (longs voyages pour aller la chercher ou la rechercher, dangers et déboires de tout genre avant, pendant et après l'enlèvement). [45]

C'est ainsi que plusieurs proverbes doivent être compris dans ce cadre complexe de cérémonies rituelles, rapts, mariages et remariages, de jalousies entre coépouses (*lawniraaɓe*) au statut matrimonial différent (voir n°48 et 150), d'arrivées et départs d'épouses ou des difficultés d'adaptation éventuelle d'une épouse *te'aaɗo* à son nouveau milieu, comme aussi de tensions sociales entre groupes lignagers à cause des vols de femmes.

Par ailleurs, selon les proverbes, les rapports entre hommes et femmes sont visés à la fois d'une manière littérale et directe ou cachée et allégorique. Cela est vrai, par ailleurs, non seulement pour le mariage en tant que tel, mais aussi les rapports généraux entre hommes et femmes et, plus particulièrement, les rapports sentimentaux entre jeunes hommes et jeunes filles (par exemple, n° 173, n° 175, n°181, n°184, n°185, etc.). Ainsi, si certains proverbes, au-delà de leur première signification, font allusion à différents aspects de ces rapports (voir par ex. n°454), d'autres proverbes utilisent le cadre des rapports entre sexes comme métaphores ou allégories de situations et attitudes sociales plus générales. La séparation entre hommes et femmes ou et l'opposition entre valeurs masculines et valeurs féminines font partie des représentations idéologiques. Elles se reflètent, par exemple, dans les chants lignagers, où l'homme a une position de dominateur et est souvent loué comme « le propriétaire de beaux animaux », alors que la femme est dans un état de sujétion ou d'objet possédé, décrite souvent comme « une belle gazelle ou une belle antilope ».[46]

[45] Une femme boɗaaɗo n'est presque jamais mariée par un non- boɗaaɗo (même pas par un peul), alors qu'il y a des cas fréquents de mariages entre hommes woɗaaɓe et femmes peules.

[46] Voir M. Bovin (1997) « La belle vache ». Chants de louanges aux animaux et aux êtres humains chez les Wodaabe du Niger, in C. Baroin – J. Boutrais (éditeurs) *L'homme et l'animal dans le bassin du Lac Tchad,* Paris, Institut de Recherche pour le Développement

LES BONNES ET LES MAUVAISES MANIERES

Les bonnes manières

De nombreux proverbes se rapportent à ce que les Woɗaaɓe appellent *mbiirdi mboondi :* les bonnes manières, les attitudes correctes, les postures et les comportements que tout boɗaaɗo est censé adopter au cours de sa vie. Il ne s'agit pas de préceptes moraux, mais plutôt de principes essentiels – exprimés par le biais de sentences, de récit ou d'images comiques - définissant les manières d'être et d'agir convenues.

Ces bonnes manières concernent la patience ou la résignation *(munyal)* dans les adversités de tout genre (n°188-191), la persévérance et la ténacité dans la conduite de ses entreprises (n°192) et la poursuite de ses désirs (n°466), la prudence, voire même le réalisme et l'intelligence pratique (*hakkillo*) dans la façon de réaliser toute entreprise (n°134), l'esprit d'initiative, la retenue et le contrôle de ses propres sentiments et pulsions - qui sont les vertus de base du *pulaaku* - la véritable générosité et la gratitude envers les autres (à commencer, bien entendu, par les plus proches), le respect des autres, l'accueil de l'étranger (*njowraaku* ou *koɗaaku*),[47] comme aussi le courage virile (*ngorgu*) dans l'adversité et une certaine forme d'humilité, qui jaillit d'une grande conscience de ses propres limites.

Celui ou celle qui a un bon comportement est digne de la confiance des autres, il/elle est fiable (*gebaaɗo*) : c'est un *boɗaaɗo gaɗa-yeeso* (litt. « un boɗaaɗo par devant et par derrière »), selon une expression, ou un vrai *boɗaaɗo tufaaɗo noppi* (litt. "aux oreilles perçées"), *tagu mo fulfulde*, "une personne qui a du fulfulde", et dont « le sang est chaud » (*ƴiƴam ngulɗam*).

En fait, les bonnes manières sont personnifiées par des individus concrets, objets de louange et d'admiration : ce sont les personnes prudentes et réservées, les personnes qui savent « gagner les autres » (*heɓa duniyaaru*), dont toutes les manières sont modérées, ou celles qui savent « rendre frais » (*feewa*) le cœur des autres ou qui « sont comme un arbre à ombrage » (*lekki ki ɗowɗi)* (voir n°225). Ce sont les sages qui dispensent leurs conseils aux autres, les généreux qui assistent les pauvres et les indigents et qui, par leurs paroles et actes, font preuve

[47] Y compris le fait de souhaiter la bienvenue *(baɗ*al) – généralement du lait – aux gens qui viendraient poser leur campement dans les environs immédiats.

de bienveillance (*yehere*).[48] Ces personnages « sentent bon », disent les gens, ils ont une « bonne odeur » (*luumngol*).[49]

Les mauvaises manières

En parfaite harmonie avec les principes essentiels du *pulaaku* et du *fulfulde*, les *mbiirdi ɓolndi* s'opposent aux « bonnes manières » présentées précédemment : ce sont « les mauvaises manières ou les mauvaus comportements», inspirés justement par « un cœur mauvais » (*ɓernde ɓolnde)*; les attitudes reprochables, répréhensibles et odieuses ; les manières qui sont dictées par la malice et la méchanceté, la paresse ou la maladresse; les postures dictées par le mensonge ou la duperie et l'ingratitude envers les autres; comme aussi l'égoïsme dans la recherche uniquement de son propre bien, sans aucune considération de celui des autres ; et l'hypocrisie de celui ou de celle « qui parle d'une certaine manière et qui agit d'une autre manière » (*ko o wi'i feere, ko o waɗata feere*) ; ou enfin la duplicité de tous ceux qui savent cacher leurs mauvaises intentions sous des comportements faussement aimables (n°263), mais dont le véritable caréctère finit toujours par se révéler (n°277).

Les proverbes s'attaquent, avec cynisme ou sarcasme, humour ou sévérité, aux individus dont la manière d'être et d'agir menace l'harmonie et la cohésion du groupe : ceux qui sont égoïstes et qui ne savent pas être généreux et partager leurs biens avec les autres (n°278-280); qui ne pensent qu'à eux-mêmes et négligent les autres; qui sont dans toute dispute ou contestation (*ngeddi);* qui ne connaissent pas le langage de la reconnaissance envers les autres (n° 274-276); qui critiquent les autres et exploitent les plus faibles; qui ont des comportements instables et imprévisibles; qui aiment et alimentent les ragots et les rumeurs (les *ɗemnɗe,* litt. "les langues") (voir n°147) et qui colportent ces ragots au sein de leur communauté (ils sont comme « les jambes du mensonge », voir n°265). Ou enfin tous ceux qui « ne font pas grandir dans leur ventre » (*marataa nder reedu*) les paroles qu'ils profèrent et qui disent toute parole qui vient à leur bouche (n°62) et ne savent pas garder un secret; ou qui embobinent les autres avec leurs propos

[48] L'influence de ces personnages est encore plus forte s'ils ont du *hewu*, à savoir une beauté physique, ou du *togu*, charme.
[49] C'est le même terme qui désigne « la bonne odeur » de l'atmosphère après une pluie.

flatteurs (n°147) ou leurs attitudes rusées (voir n°153). [50] Bref : les méchants, les égoistes, les ingrats et les malveillants.

L'égoïsme, le mensonge, la sottise, la vanité, l'ingratitude et la suffisance de ces personnages peuvent fortement fragiliser le corps social, casser les solidarités et menacer la survie de la communauté. Particulièrement dédaignés sont ceux qui ne font pas preuve de retenue ou de modération (voir n°286) dans la recherche incontrôlable de leur propres avantages, prêts même à avaler leur langue par leur gourmandise (n°285). De nombreux proverbes s'attaquent surtout au menteur (voir les n°261-269), l'ingrat (n°278, n°282 et n°285) et l'égoïste (ex. n°288).

Toute une panoplie d'expressions idiomatiques – dont les proverbes sont souvent le miroir direct ou indirect - servent à désigner les personnages qui incarnent ces comportements et qui font l'objet de « mépris » (*yawaare*) et de désapprobation (*kuɗki).*

> On dit que « leur sang est mort» (*ƴiƴam maɓɓe waati)* et qu'ils profèrent une parole "amère" *(kaaɗka)* et des propos de sang (n°273), incapable « de saisir les coeurs des autres » *(haala nangataa ɓernde)*; ou qu'ils tiennent "un discours ambigu" (*haala purƴaaka*). Ils ne savent pas parler aux autres, ils se parlent à eux-mêmes, et ainsi "leur parole reste entre eux et leur bouche" (n°292). Ils sont têtus et obstinés et n'acceptent jamais les conseils des autres (n°273). Ils ont un coeur double, et "leur bouche profère une parole bonne, mais qui est réjetée par le coeur" (*hunnduko wolwata haala mbooɗka, amma ɓernde yiɗaa ɗum)* et il ne font que répandre la rumeur et la médisance (*nyo'ore)* (voir n°270)

Parmi les personnages les plus détestés il y a celui ou celle qui ne sait pas vivre avec les autres, qui n'a pas de charme et qui n'attire pas la sympathie des autres, qui « n'a pas le sang des gens » (*ƴiƴam duunia*) et dont la parole « n'arrive pas à saisir le cœur des gens » (*haala makko nanngataa ɓernde duuniyaaru*) – un proverbe dit que ces gens ne sont aimés par personne, sauf par leurs propres mères et pères (n°293).

On exprime, enfin, un jugement sarcastique envers le paresseux (*wuundeejo*), qui ne fait que se traîner d'un endroit à l'autre ou qui reste assis

[50] Les Wodaabe n'aiment pas le rusé/tricheur, mais apprécient le rusé/adroit (*ƴoƴɗo).*

sans rien faire (n°363),[51] qui dans sa marche ne fait qu'« esquiver les arbres » (*wordoygo ledde*); l'amorphe, qui, pour éloigner un danger, ne fait que tournoyer ses yeux (n°358) ; l'apathique, qu voudrait bien que les autres puissent « mâcher pour lui la nourriture qu'il doit avaler » (n°344). Ou enfin les craintifs (n°361) et les indécis, qui ne savent pas prendre des décisions en temps opportun (n°350 et n°356), qui mettent de côté et oublient leurs propos (n°360), qui ne vont pas jusqu'au bout de leurs entreprises (ils tuent le serpent, mais ils ne lui coupent pas la tête, n°365), ou qui trouvent toujours des excuses et des justifications pour ne pas s'engager (n°357) et revenir sur dleurs décisions (n°368).

BONHEUR ET MALHEUR, RICHESSE ET PAUVRETE

La quatrième et dernière catégorie comprend les proverbes qui ont pour sujet le bonheur (*belɗum*) et le malheur (*naawɗum)*, la richesse (*risku*) et la pauvreté (*talkaaku*), l'augmentation (*ɓesɗaari)* et la diminution (*ustaari*). Non pas en abstrait, mais dans des situations concrètes, dans la représentation de personnages riches (*riskuɓe*) et pauvres (*talka'en*), heureux et malheureux, avec toute la variété de leurs comportements et attitudes et de leurs relations réciproques.

Selon de nombreux proverbes, c'est la recherche du bonheur qui caractérise l'existence de tout individu. On n'est jamais rassasié de bonheur, on n'est jamais fatigué de richesse (n°371). Le cœur humain est comme un fleuve, qui, pour continuer à couler a toujours besoin d'eau (n°372) ou comme une calebasse qui ne se remplit jamais (n°397). La recherche du bonheur est comme une soif inextinguible. Et quand finalement on atteint le bonheur, on oublie immédiatement le passé.

Riches et pauvres

Riches et pauvres ont des destinées différentes. Ils connaissent des situations totalement divergentes (n°392), ils font des expériences opposées (n°398). Toute forme de coexistence entre eux s'avère parfois difficile (n°475),

[51] Un proverbe rappelle le paresseux, qui, malgré sa faim, reste assis, oisif, près d'un grenier plein de mil (n°346).

puisqu'ils ne partagent pas la même façon de faire ni les mêmes préoccupations. Ils ne vivent pas la même vie (voir n°15 et n°128).

Cependant, malgré leurs différences, pauvres et riches connaissent une même condition humaine (ils sont presque semblables, comme les oreilles d'un âne, n°474), ils partagent une même aspiration vers le bonheur, la paix et la santé, et ils sont également hantés par la même crainte de lendemains incertains (voir n°389).

Le pauvre

Pour les Woɗaaɓe, le pauvre est quelqu'un qui ne possède rien, un malade, un fou (*kaaŋaaɗo),*[52] un affamé (n°478), un assoiffé (n°447), quelqu'un qui est constamment « entre la vie et la mort » (*hakkunde nguurki e maayde*) et dont « la vie s'est desséchée » (*yonki yo'ori*). Le pauvre est celui qui a « de nombreuses bouches » à nourrir, mais qui n'a pas l'essentiel pour survivre, qui n'arrive pas à se rassasier, est frappé par la faim (*weelo),* n'a rien à manger ou qui doit chercher de la nourriture de substitution et de mauvaise qualité (n°421 et n°422).

Le pauvre est celui qui, malgré tous ses efforts, n'arrive pas à s'en sortir (n°470) et qui voit que d'autres se rassasient, alors qu'il reste injustement piégé dans sa détresse (n°477). Le pauvre est aussi un handicapé - dont le bras trop court ne lui permet pas « de se gratter dans le dos » (n°419). Il est comme un chien qui n'arrive pas à lécher la plaie qui se trouve sur sa tête (n°436). Il a « des yeux petits », qui ne lui permettent pas de bien voir là où il met les pieds (n°415 ; il est un borgne (n°418) ou, pire, un aveugle (n°417, n°427). Il est aussi comme un brûlé (n°425) ou une petite pierre, perdue seule, dans l'eau'(n°420). Personne ne le recherche, personne n'aspire à être son ami et compagnon.

Pauvre est la femme veuve, surtout celle qui n'a pas de bétail et a des enfants en bas âge. Pauvre est le bâtard (*njaamu*) ou l'orphelin (*atimeejo*) qui n'a ni père ni mère. Pauvre est celui qui doit faire des choix difficiles, en sachant que ses options sont limitées - s'il cherche des jujubes pour se nourrir, il sera dans des lieux où il n'y a pas d'eau, et s'il va là où il y a de l'eau, il n'obtiendra pas des jujubes (n°416). Pauvre est le berger à gage, qui garde les bêtes des autres, qui ne

[52] Dans un récit qui rappelle la grande crise de la sécheresse des années 1973-74 (l'année dite *kitaanga*, « la grande année »), on rappelle que « les gens étaient perdus comme des fous » (*duuniyaaru e wemba haaŋa).*

contrôle jamais sa propre destinée et qui doit toujours être prêt à suivre les instructions qu'on lui donne (n°453) ; ou le *gortaalo*, berger isolé, coupé de son groupe de parenté d'origine, qui n'a pas de bêtes et s'installe près d'un campement, en espérant de recevoir un peu nourriture contre de petites tâches. Images dures et cruelles. Pauvre est enfin celui dont les plaies de blessures graves mettent du temps à cicatriser et guérir – et celui dont les yeux continuent à rester rouges à cause de la faim, même après avoir mangé (n°418).

Mais le pauvre est aussi celui qui sait se satisfaire du peu : si le lait de vache lui fait défaut, il se contente du lait de chèvre (n°491); s'il manque de farine de mil, il se contente du son (n°422); s'il n'a pas de mil, il se rassasie d'un plat de haricots (n°492). Le pauvre sait agir en fonction des leçons apprises de la vie (voir n°457). Le pauvre trouve toujours son petit plaisir, même dans des choses qui n'ont pas beaucoup de valeur : il sait que ce qui compte vraiment dans la vie ne peut pas être acheté dans un marché (n°51). Il sait que sa persévérance peut être payante (n°393). Pas de plaisir sans peine – pas de sauce savoureuse si on ne tue pas le poulet (n°442). A condition, cependant, de faire attention à ne pas entreprendre des actions risquées ou hasardeuses, au-dessus de ses capacités – à l'image de l'aveugle qui se met à jouer aux abords d'un puits (n°427).

Le pauvre apprend à accepter sa propre condition, même si elle est à peine confortable (n°463), à se satisfaire du peu qu'il possède (n°485), à supporter ses propres peines, à l'image de la vache qui s'habitue à porter le poids de ses propres cornes (n°280). Le pauvre est réaliste, il sait se contenter du peu qu'il possède (n°294). Il sait qu'il ne faut pas entreprendre ce qui est au-dessus de ses capacités– comme le crapaud qui est conscient de ne pas pouvoir chercher sur un arbre le bien qu'il désire (n°456). Il sait aussi qu'il peut finir par supporter toute peine et toute souffrance, comme la vache qui supporte le poids de ses cornes (n°394). Ainsi, toute existence a des aspects positifs, même celle du pauvre : il faut simplement ouvrir mieux les yeux et savoir être reconnaissant pour ce qu'on a (voir n°488).

Dans certaines circonstances de la vie, le pauvre doit, pour simplement survivre, s'adapter et utiliser les moyens dont il dispose – à l'image, par exemple, celui qui, n'ayant pas de bois dur, se résigne à fabriquer une flèche avec du bois tendre, (n°459). Il ne doit rien dédaigner (n°404). Il doit être persévérant dans ses entreprises (n°412), comme le petit veau, qui malgre sa muserole qui doit le sevrer, arrive à téter sa mère (n°399). Il doit aussi adopter des comportements étranges, parfois même désapprouvés par les autres, mais qui lui sont dictés par la nécessité et le simple besoin de survivre : comme la petite antilope qui contourne le fleuve malgré le fait d'être assoiffée (n°260) ; ou la petite chèvre qui, n'ayant pas de mère, tète la grand-mère (n°455) ; ou celui qui enlève ses pantalons par le cou (n°438). Pour avoir son bonheur, le pauvre sait se tourner dans des directions opposées (n°388). En fait, personne ne sait ce qu'est la pauvreté, sauf le vrai pauvre, comme personne ne sait ce qu'est le feu, sauf celui qui l'a touché et s'est brûlé (n°425).

Mais, dans tout cela, il y a un message d'espoir très grand: il y a toujours la vie après la mort (n°382, n°395), la nuit du pauvre peut se terminer par une aube radieuse (n°378). Les situations ne sont pas figées et la pauvreté et la détresse ne sont pas permanentes (n°495). Le pauvre peut obtenir à tout moment son lot (n°400), recevoir un bien inespéré (voir n°11), comme un geste d'amitié et de générosité de la part des autres ou, tout au moins, une parole agréable (voir n°67). Tant qu'il y a de la vie, il y a de l'espoir (voir n°434) : celui qui n'est pas mort, celui qui saigne et dont les plaies suppurent, peut toujours espérer de guérir (n°379 et n°380). Après de fortes pluies, l'eau ruissellante finira par se verser dans la cuvette (n°383) et l'arbre sec finira par revivre (n°384). Les situations ne sont pas figées : la petite chèvre qui n'avait pas de mère et qui tétait une mère adoptive, est maintenant devenue à son tour une mère adoptive (°446).

Le riche

Le riche (*diskuðo, diskaaðo*) est, au contraire, le possesseur de bétail ou le nanti (*jom, gonðo*). C'est Dieu même qui lui a octroyé la richesse (*Alla tahanta neððo risku).* Quelqu'un est riche parce qu'il est aimé par le bétail. Sa richesse est comme collée à ses poils (*nder leeɓol),* dans ses os (*nder ƴial).*

Le riche est celui dont le campement ne manque jamais de lait – et si c'est le lait frais qui lui fait défaut, c'est le lait caillé qui sera abondant (n°486). Le riche est celui qui est toujours entouré par des gens qui recherchent son amitié et sa protection, qui le respectent, qui le considèrent comme un protecteur et un parent (n°471). Enfin, le riche est celui qui est rassasié de tout, il est celui qui a le droit de manger le foie du taureau sacrifié au cours des cérémonies rituelles (n°497) et qui peut entreprendre tous les projets qu'il désire (n°429).

Mais le riche a aussi des responsabilités vis-à-vis des autres : il est comme le guérisseur auquel les malades font recours (n°476), il est comme le parent de

tout le monde (n°471), il doit savoir subvenir à leurs besoins (n°472 et n°473). Sa richesse peut être la cause d'ambiguïtés (n°481).
Mais la richesse est comme « une saleté », parce que les biens peuvent être perdus rapidement (n°413). Le riche est celui qui n'ose pas s'éloigner de ses richesses par peur de les perdre (n°445) ou qui ne sait pas adapter son existence à des situations difficiles (voir n°447 et n°448).

La richesse peut être la source de souffrances (n°494). A la suite d'une sécheresse ou d'une épidémie animale, par exemple, tout riche peut être frappé par un malheur improviste et perdre ainsi tous ses biens .

La richesse peut se révéler éphémère et passagère (n°377, n°482, n°493). Le futur n'est sûr pour personne. Le riche ne reste pas nécessairement toujours riche, et le pauvre, non plus, n'est pas destiné à rester toujours pauvre (voir n°445). Les calebasses remplies de lait peuvent rapidement se vider (n°482). Le fils de celui qui tire la puisette du puits peut mourir de soif (n°447) et la puisette elle-même peut tomber dans le puits et s'y perdre (n°180). Le charme d'un personne peut disparaître à tout moment (n°441). Tout le monde peut faire l'expérience du « manque » (*keppal*) et du « gain » (*keɓal*).

Rien n'est figé. Les situations peuvent changer rapidement et l'imprévisibilité caractérise la condition humaine (n°406).

TROISIEME PARTIE : LES PROVERBES

1. VIVRE ENSEMBLE AU SEIN DU GROUPE

1.1 La force des liens communautaires

1. Enɗam wanaa no toggoore, hakko ɓorto

Le lien de parenté n'est pas une chemise, à plus forte raison on ne peut pas l'enlever.

Enɗam wanaa no toggoore. Toggoore kayre no ɓoortete ndese, amma enɗam ɓortataake, gam nder reedu ɗam woni. Kul neɗɗo itti enɗam, yonki makko juutata, gam o neeɓataa o maayaay.

Le lien de parenté n'est pas comme une chemise. Une chemise, tu peux l'enlever et la déposer. Mais le lien de parenté ne peut pas être enlevé, parce qu'il est dans le ventre. Si quelqu'un enlève ce lien, sa vie ne sera pas longue, parce qu'il ne tardera pas à mourir.[53]

Proverbe qui est souvent utilisé comme une admonestation adressée à ceux qui tendent à oublier les obligations sociales qui les lient aux membres de leur groupe et leur rappeler de s'y conformer. Le terme *enɗam* désigne avant tout « le lait sucé » aux seins *(enɗi)* maternels et donc, de manière figurée, le lien de parenté (de lait) qui rattache tout individu à sa mère et à sa branche maternelle. Le *enɗam* est conçu comme un liquide (même classe nominale que *kosam*, lait),

[53] Voir aussi le proverbe haousa : G. Merrick, op. cit. 1905, n°352 (mais dans la version haousa, le terme *arziki* « richesse » remplace le terme *enɗam).*

qui reste dans le ventre pendant toute la vie de l'individu, et dont l'individu ne pourrait jamais se défaire.[54] L'une des pires choses qu'on puisse dire d'un individu est qu'il/elle « a détruit, abimé le *enðam » (o bonni enðam).*

2. *Baðiiðo e ɓuri mo ɓadaaki*

Le proche vaut plus que celui qui n'est pas proche.

Mo ɓaðaaki annda no pirruða, o annda no ngomtirða.

Celui qui n'est pas proche ne sait pas comment tu t'es réveillé et ne sait pas comment tu te portes.

La cohabitation renforce les liens au sein des familles et des communautés. Proverbe destiné à rappeler à tous l'obligation de prendre soin des autres et les aider dans toute circonstance. Mais il peut aussi être la constatation amère du fait qu'il ne faut pas attendre l'aide des étrangers.

3. *Keeriðo wulata*

C'est celui qui se tient tout près (du feu) qui se brule.

Baðiiðo ma kam anndi torra ma ; amma mo ɓaðaaki, ðum suhulaaki mo. Annduðo naawðum ma, no naney naawðum, amma mo anndaa ðum, nanataa naawðum fu.

Celui qui est proche de toi connait ta détresse; mais celui n'est pas proche, ne se soucie pas de ton état. Celui qui connaît ta souffrance éprouvera lui-même ta souffrance; alors que celui que ne la connaît pas, n'éprouvera aucune souffrance.

C'est au sujet de la force des liens sociaux au sein du groupe familial et du clan, surtout au moment des difficultés de toute nature. Mais c'est aussi une constatation amère au sujet des attitudes de certains parents et amis qui tournent le dos dans les moments difficiles.

4. *Waddu mi wadda, kanjum welnata njardal*

Apporte que j'apporte : c'est cela qui rend agréable le repas commun.[55]

---

[54] Chez les Woðaaɓe, le serment le plus sacré est : *enðam kaawu am* ! - litt. « par le lien de lait (parenté) de mon oncle paternel ! ». Ce serment s'étend aussi aux cousins croisés (fils du frère de la mère), qu'on désigne aussi par *denðiraaɓe hunorɓe* « cousins sur lesquels on fait un serment ».

[55] Le terme *njardal* (repas en commune) dérive du verbe *yara* (boire) et *yarda* (boire ensemble) : il est utilisé par rapport à une nourriture liquide, à base essentiellement de lait. L'image se réfère au repas que les hommes adultes prennent ensemble dans leur espace réservé (*daððo)* à l'ouest du campement (voir aussi n°79).

Apport mutuel, convivialité heureuse. Vivre ensemble est comme une convivialité, où chacun apporte sa portion et tout le monde partage le même repas.

5. *Ko joom-suudu heɓi fu, o yetta dammugal*

Que le propriétaire de la maison remercie la porte (de sa maison) pour tout ce qu'il possède.

Tout ce qui est dans une maison passe par la porte d'entrée. Pareillement, tout ce qu'un individu possède (biens, bétail) est le fruit du travail et de la générosité des autres. Cela souligne l'importance de la reconnaissance et de la gratitude envers les autres. Le terme *joom-suudu* se réfère à la femme, responsable de la maison ou du foyer – le *suudu* étant son domaine. L'homme est désigné plutôt comme le *joom-wuro,* chef du campement.

6. *Winnde yiɗde e ɓuri winnde nganyaandi*

L'ancien campement de l'amitié vaut plus que l'ancien campement de la haine.

Njiɗɗo ma, no o wayri ma fu, emo yiɗ ma. Amma nganyɗo ma, no o yi'iri ma fu, o yiɗaa ma.

Même s'il vit loin de toi, ton ami t'aime. En revanche, celui qui te haït, même s'il te voit tout le temps, ne t'aime pas.

C'est la proximité qui nourrit l'amitié entre les individus. Le terme *winnde* (pl. *bille*) désigne le lieu d'un ancien campement (ou d'un village, voir n°403 et n°450), là où des traces du séjour d'une famille sont encore visibles (le campement habité étant appelé *hoɗorde*). Les Woɗaaɓe se rappellent toujours des lieux d'anciens campements où la famille a vécu des jours heureux (naissances, célébrations) et ne reviennent pas sur les lieux où ils ont souffert.

7. *Wannde e yitere woni*

La contrariété est dans l'œil.

Baɗiiɗo e ɓuri mo ɓaɗaaki, gam mo ɓaɗaaki o walaa habaru huunde fu. Kaɗima goɗɗo mo min kowtaa lenyol, wara ɗo to amin, wi'a fi goɗɗum heɓi mo. Bo duuniya makko ngalaa ɗo : say min mbadana mo ko waɗante fu, gam minon ngondi e makko, gam yitere amin wanni.

Le proche vaut plus que celui qui n'est pas proche, parce que celui qui n'est pas proche ne connaît rien. Si un étranger vient ici chez nous et nous dit qu'il a été frappé par un malheur et que ses gens ne sont pas ici, alors c'est à nous de faire pour lui tout ce qu'il faut faire dans ces cas : parce que nous sommes ensemble avec lui, et que c'est notre œil qui se fait des soucis (à son sujet).

Le proche est le membre du même groupe de parenté (*lenyol*) (voir n° 11). On met ici l'accent sur la nécessité de montrer à tout le monde les mêmes sentiments d'accueil, d'hospitalité et de solidarité qu'on montre aux plus proches. La proximité et la coexistence créent des liens de solidarité et, à terme, construisent une communauté.

8. Njiɗɗo ma wanni ma, mo yiɗaa ma wanti ma

Celui qui t'aime se fait des soucis pour toi, celui qui ne t'aime pas ne se préoccupe pas de toi.

Mo yiɗaa ma o baggete, o wannaaka e ma, o suhuloraaki ma, o warataa les ma. Amma njiɗɗo ma no torriɗo gaɗa ma.

Celui qui ne t'aime pas t'évite, il ne s'intéresse pas à toi, il ne se préoccupe pas de toi, il ne vient pas auprès de toi. Au contraire, celui qui t'aime se fait des soucis pour toi.

Au sujet de la force et des sentiments d'amour et d'affection qui existent entre certains individus. Il y a des signes sûrs de l'affection que certaines personnes nous portent. Par ailleurs, d'une manière plus générale, on peut toujours interpréter certains événements à partir de signes précurseurs.

9. *Njiɗɗo ma wartataa ganyo'o ma*

Celui qui t'aime ne devient pas ton ennemi.

Le vrais liens d'amitié restent solides, pour toujours, même au milieu des situations les plus difficiles de la vie. Proverbe évoqué au moment où une personne montre ses sentiments d'amitié par des actes concrets.

10. Yitere no paɗɗum, ɓernde faaɗaa

L'œil est étroit, le cœur n'est pas étroit.

Ɓernnɗe e ɓuri yitere yi'igo, gam ɓernde e yi'a tagu, koo o ɓadaaki. Iyaaka nihi yonki woni, iyaaka kaaɗɗi ɓernde. To a dilli, min njaltataa yi'igo ma – kanjum wi'ete yitere faaɗi. Amma koo a dilli, aɗa nder ɓernde jooɗi.

Le cœur voit plus que l'œil, parce que le cœur voit quelqu'un, même s'il est lointain. La limite des possibilités du cœur est la limite même de l'esprit. Si tu pars, je ne peux plus te voir – c'est pour cela qu'on dit que l'œil est étroit. Par contre, même si tu pars, tu es là, tu es assis dans mon cœur.

On oppose ici *yitere* (œil) et *Ɓernde* (cœur). *A*u contraire de l'œil, le coeur peut évoquer toute personne, objet ou pays que l'œil physique ne peut pas voir. C'est le cœur qui aime et qui désire (voir n° 35). Mais le lien entre œil et cœur est très fort et complexe, parce que l'amour du coeur se manifeste bien dans les yeux (voir le n°136).

11.Pi'iki lenyol fu sawru wo'oru

Frapper tous les clans avec un seul bâton.

Lenyol senddirtaake, gam tagu fu no go'o, walaa ɓurðo goððo.

On ne fait pas des distinctions à l'intérieur du groupe, parce que tout le monde se ressemble et personne n'est plus grand que l'autre.

Traiter de manière équitable tout le monde, sans faire des distinctions : c'est un principe essentiel de la vie en commun. Le terme *lenyol* (pl. *lenyi* ou *leỹỹi*) - groupe lignager, clan - dérive du verbe *lenya*, qui signifie « s'étendre, se ramifier, s'élargir ».[56] Un *lenyol,* disent les Woðaaɓe, est l'extension d'un individu dans le temps, à travers sa progéniture. Les Woðaaɓe distinguent un *lenyol gorol* (groupe de parenté masculin ou groupe paternel), et un *lenyol dewol* (groupe de parenté féminin ou groupe de parenté maternel. Le proverbe se réfère à cette distinction, en affirmant qu'il n'y a pas de différence entre parents.

12.Jonde to nyoli say jomum

Si la plaie (d'un animal) est pourrie, il n'y a que le propriétaire.

Fi kul a jeyaayi, kul a yi'i goððo ɓurðo jeygo, kokkitaa mo.

Si une chose ne t'appartient pas, il faudra la restituer à celui qui a plus de droits que toi sur elle.

C'est le propriétaire qui peut vraiment s'occuper d'une bête malade et lui donner toute l'attention dont elle a besoins. Dans la vie communautaire, chacun a sa place.

---

[56] Cela se dit, par exemple, d'un arbre qui grandit et qui se ramifie, d'une colline qui s'étend dans toutes les directions ou d'une mare qui s'élargit dans plusieurs bras.

13. Diilaaru wi'i : Neɗɗo reena arana

Le chacal a dit : Que chacun garde sa première (parole).

Arana woni farilla. Ka higo ma arti wi'i fu, kanka woni farilla. Ka artuɗa mbiɗaa mo fu, kanka woni farilla. Amaana kul fuɗɗi, re'ataa. Kul neɗɗo nyaami amaana, Alla no yeyoto mo

C'est la première parole qui compte, c'est celle que ton ami t'a adressée en première, c'est celle que tu as adressée à ton ami en première. Une fois qu'elle a commencé, une amitié ne finit pas. Dieu détournera sa tête de celui qui a mangé (trahi) une amitié.

Le proverbe fait référence à une des nombreuses histoires dont le chacal est le personnage central (le chacal est un animal réputé pour être particulièrement sage).[57] Il faut être toujours fidèle à sa propre parole, quoiqu'il arrive. On doit toujours respecter l'amitié et rester fidèle.

14. Gonɗo yeeso kam raarata yeeso

C'est celui qui se tient (devant toi) qui regarde devant.

Kul a ɓaɗaaki, a annda no ngorrumi. Amma kul a ɓaɗiiɗo, aɗa anndi no pirrumi, aɗa anndi no keppumi, aɗa anndi ko keɓmi.

Si tu vis loin de moi, tu ne connais pas l'état de ma santé. Mais si tu es proche de moi, tu connais mon état dès le réveil, tu connais ce dont je manque et ce que je possède.

La proximité physique crée de nombreux liens d'amitié et de solidarité entre les individus. Le proverbe est construit sur la double signification du terme *yeeso* « visage, face » (nominal) et « devant » (adverbe).

15. Jungo fu no wo'oto, koholi bo e ɓurdi

Toute main est semblable, mais les doigts n'ont pas la même taille.

Duuniyaaru fu no go'o, amma go'oto e ɓuri ; go'oto e ɓuri jikku, go'oto e ɓuri yehere, go'oto e ɓuri risku, go'oto e ɓuri baawde.

Les hommes se ressemblent et pourtant il y a des différences entre eux : il y a ceux qui ont un meilleur caractère, ceux qui sont plus généreux, ceux qui sont plus riches et ceux qui ont plus de capacités.

Il y a des différences entre les membres d'une communauté. Il ne faut pas s'en étonner. L'important c'est que tous puissent finalement constituer une

[57] Voir aussi H. Gaden (1931) n° 408.

communauté soudée. C'est une condition indispensable pour la survie. Ce proverbe est utilisé pour encourager les gens à travailler ensemble et en bon esprit, malgré leurs différences (par rapport à la richesse, l'âge, etc.).

16.Mo duhaay hoore mum duhataa goððo

Celui qui n'a pas habillé soi-même n'habillera pas les autres.

Neððo to walaa, hokkataa banndum, amma e kul e woodi no hokkey. Kul a riski, bannda no riskey. Kul a riskaay, bannda riskataa.

Si quelqu'un ne possède rien, ne donnera rien aux autres, mais s'il possède des biens, il donnera. Si tu es riche, ton proche sera riche. Si tu n'es pas riche, ton proche non plus ne sera pas riche.

Solidarité et complicité dans le bien comme dans le mal. Ce proverbe est aussi dit à l'intention de ceux qui sollicitent une aide aux personnes qui pourtant sont elles-mêmes dans le besoin.

17.Konnduðe bamði fu no buule

Les bouches de tous les ânes sont tachetées de blanc.

Ko min njiiðii fu kanjum njiððon; kon min nganyii fu, kanjum nganyðon.

Tout ce que nous désirons, vous aussi le désirez; et tout ce que nous haïssons, vous aussi le haïssez.

Malgré nos petites différences, nous sommes fondamentalement tous semblables et égaux. C'est un propos moqueur à l'intention de tous ceux qui se considérent supérieurs.

18.Daangol bannda doorete

C'est la corde à veaux du proche qu'on répare.

Bannda o'o waharaama, peewa ðum. Dooraaki ki woni kokkal nagge.

Si un parent a perdu tout son cheptel, il faudra le consoler. Par réparation on se réfère ici au don d'une vache.

C'est l'évocation de la force de la solidarité et de l'entraide au sein du groupe de parenté. Il s'agit d'une solidarité qui s'exprime surtout au moment de l'épreuve.

Le *daangol,* corde à laquelle on attache les veaux (*nyalbi*) à l'ouest du campement, est, ensemble avec les piquets (*kopeeje*), un des éléments essentiels de la vie pastorale. Il est presque le symbole de ce mode de vie : en effet, un berger n'atteint sa propre autonomie sociale et économique vis-à-vis de son père que le jour où il peut « fixer » son propre *daangol* et ses propres *kopeeje* dans son propre campement et constituer ainsi sa propre unité familiale (femme, enfants et troupeau), même si physiquement il peut rester encore proche du campement du père. Le *daangol* symbolise le troupeau familial tout entier, la force du clan, la capacité de la famille de pouvoir subvenir à ses besoins et d'avoir une place au sein de la communauté, de produire et se reproduire. La corde cassée, au contraire, symbolise l'état de manque, l'indigence, la pénurie. [58]

19. Banndiraawo no lelo-lelooɗe

Un parent est un chemin sinueux.

Banndiraawo no lelo-lelooɗe: to o lelake fu, an ma a lelodoto e muuɗum. Kul a nawnake, a nawnoto, kul o welnake, a welnake.

Un parent est comme une route sinueuse: s'il tourne d'un côté, tu tourneras aussi ; s'il a mal, toi aussi tu auras mal ; et s'il est content, toi aussi tu seras content.

Mêmes joies et mêmes souffrances pour ceux qui sont proches. Le terme *banndiraawo* (pl. *banndiraaɓe)* est le terme les plus général pour exprimer la personne à laquelle on est lié par un lien de parenté.

20. Ÿiiÿam hoore woofataa daande

Le sang de la tête (en coulant) ne manquera pas le cou.

Kul hoore waɗi ÿiiÿam, daande ma no heewey ɗam. Mo maaɗa to meemaama, ahan e hoore ma a meemaama. Naawɗum makko woofaay ma, ɗum warti naawɗum ma.

Si la tête saigne, ton cou aussi sera aussi plein de sang. Si ton proche a été touché (par un malheur), toi aussi, tu seras frappé (par ce même malheur). Sa souffrance ne t'épargnera pas, elle deviendra ta propre souffrance.

Dans le groupe de parenté, les gens sont tous solidaires dans le bonheur comme dans le malheur. Ce proverbe est comme un conseil : attention, prends les précautions nécessaires pour prévenir un malheur qui a déjà frappé ton proche. Tu

[58] Le *daangol* est un objet presque « sacré » : il est interdit de l'enjamber et il est aussi interdit de le réutiliser pour d'autres buts (l'infraction de ces interdits pourrait causer des dégâts importants pour le troupeau tout entier). Pour le concept d'interdit, voir n° 139.

ne pourras pas y échapper. Et aussi, il faut savoir tirer les leçons des expériences des autres, pour ne pas commettre les mêmes erreurs.[59]

21.Keewa e hula wuro

Le sentiment de solitude craint le campement.

Pas de sentiment de solitude dans un campement. Le fait d'être ensemble dissipe souvent toute détresse.

Ceci est une expression proverbiale en réponse à la phrase d'encouragement : « Sois patient avec le fait d'être seul ! » (*munya e keewa !*). La notion de *keewa*[60] (solitude) exprime un sentiment très fortement ressenti par les Woɗaaɓe. Voir les expressions : *mi nani keewa* « je me sens seul » ; *mi nani keewa makko* « il/elle me manque ». D'un lieu isolé, au bout du monde, on dit qu' « il a le *keewa* » (*keewa woodi),* pour exprimer le fait qu'il inspire des sentiments de solitude, d'abandon et de tristesse. Tout cela peut paraître étonnant quand on pense que pour la plupart du temps (sauf pendant les quelques mois d'hivernage), les familles Woɗaaɓe vivent assez éloignées les unes des autres, dans de petits campements très éparpillés sur de vastes régions, et ont très peu de contacts entre elles.

A noter que le terme *wuro* (pl. *gure*) désigne l'unité de base de la vie sociale. Ainsi le *wuro* est le lieu où le groupe nomade vit ensemble, l'espace social de base, soit le campement (le terme *hoɗorde* signifie aussi « campement », mais en tant que lieu physique où hommes et troupeau s'installent (*hoɗa)* temporairement.

22.Soyliinge kam huunata

C'est la (vache) égarée qui pleure.

Tagu to wurti lenyol, jooɗi feere mum, o anndantaake, o wallirtaake.

On ignore et on n'aide plus du tout quelqu'un qui est sorti du groupe de parenté et qui vit à l'écart.

La triste condition de celui qui – par négligence ou égoïsme – s'est éloigné de ses proches. C'est au sujet de la triste condition de ceux qui, pour ne pas avoir

---

[59] Voir aussi H. Tourneux- D. Yaya p. 121.

[60] Terme d'origine haoussa : « Feeling of solitude or grief after the departure or death of someone » (sentiment de solitude ou de peine après le départ ou la mort de quelqu'un) (P. Newman – R. Ma Newman, 1977, *Modern Hausa-English Dictionary,* Center for the Study of Nigerian Languages, Bayero University College, Kano – Oxford University Press).

respecté certaines normes du *laawol pulaaku* (la tradition), sont punis et bannis du groupe.

23.Buuɓi potaay, baabaaje potataa

Les larves ne se ressemblaient pas, les criquets adultes ne se ressemblent pas.

On est ce qu'on est, les choses sont celles qui sont supposées être. Ce proverbe est évoqué dans des situations inéluctables de la vie, qui ne font que confirmer ce qui était bien prévisible.

24.Hokku to keptata

Donne où tu peux gagner.

To a hokki neɗɗo, kokkal ma nafi mo. Amma to a hokki ɓaɗiiɗo ma, kokkal ngal nafi hoore ma, gam risku makko no laatoto risku ma

Si tu as fait un don à quelqu'un, ce don lui sera utile. Mais si tu as fait un don à un proche, ce don te sera utile à toi aussi, parce que sa richesse deviendra ta propre richesse.

Ce proverbe rappelle l'obligation d'être généreux envers les proches.[61] A noter que ce proverbe est repris indirectement par une expression de remerciement : *Alla hokku ma ko kokkuɗa* ! (« Que Dieu te donne ce que tu as donné ! »).

25.Kokkuɗo jungo heppataa hokkeego jungo

On ne refusera pas l'aide (la main) à celui qui a aidé.

Comme le proverbe précédent. L'expression *hokka jungo :* donner une main, aider.

26.Huunde njiɗɗo ma famɗataa

La chose de celui qui t'aime n'est pas petite.

Ko higo ma hokki ma, no ɗum foti fu, no mawɗum, gam nder amaana ɗum hokka.

Ce que ton ami t'a donné, indépendamment de sa grandeur, a toujours une grande valeur, parce que c'est dans l'amitié qu'elle t'a été donnée.

---

[61] Voir aussi n°24.

Une vraie amitié s'exprime par des dons, n'importe quelle soit leur valeur. Mais ce qui importe n'est pas tellement le don, mais l'amitié dont il est l'expression. C'est le proverbe qu'un hôte (*koɗo*) rappelle à celui qui l'a accueilli dans son campement et qui regrette (à cause de sa pauvreté) de ne pas pouvoir lui offrir tout ce à quoi son hôte aurait droit.

27. Ÿitere yarataa, amma anndi ko heewata reedu

Un œil ne mange pas, mais il connaît ce qui remplit le ventre. [62]

Yitere yarataa, amma e yi'a. Ko yitere yi'i fu, ɗum heÿÿi. Ko ngoonɗa fu, kollaa ɗum koɗo ma. Koo ɗum seɗɗaajum, ɗum heÿÿi, gam yitere yi'i.

Un œil ne boit pas, mais il voit. Tout ce que l'œil voit suffit. Montre tout ce que tu as à l'hôte que tu reçois chez toi. Même s'il s'agit de peu de chose, cela suffira, parce que l'œil a vu.

Comme le proverbe précédent : c'est le contexte de l'hospitalité. Ce qui compte est la sincérité du cœur et la qualité de l'accueil plus que la quantité de nourriture qu'on peut offrir à un hôte de passage.

28. Semmbe ÿiryol nebbam

La force d'une corde en cuir est le beurre.

Ÿiryol to arti taÿi, ngol hoorataaki. To ngol meemaaka nebbam, ngol walaa semmbe. Tagu to o wallaaka wattaa semmbe. Mo heɓaay wallireego wattaa semmbe.

Une fois cassée, une corde en cuir ne sert plus à rien. Si elle n'est pas lubrifiée avec du beurre, une corde n'a pas de force. De même, une personne n'a pas de force si elle n'est pas aidée (par les autres). Celui qui n'est pas aidé par les autres est impuissant.

La valeur de l'entraide et de la solidarité au sein de la communauté. Le proverbe rappelle la corde qui permet de tirer d'un puits une lourde puisette remplie d'eau : elle doit être lubrifiée régulièrement pour pouvoir continuer à couler pendant longtemps sur une poulie de bois, sans se casser.

---

[62] Le verbe *yara* signifie « boire », mais aussi, par extenions, « manger » à cause de la nature liquide de la nourriture (à base de lait).

29.Daabare no boftiirgal

La bonne affaire est le bâton pour soulever (une bête malade).

Nagge to nyaawi, nagge to tampi, neððo no sorkey teenaki e waabaare magge, no umminey nge. Amma goo'oto woofataa: to o nanngi gaDa, yeeso ummataako; to o nanngi yeeso, gaða no dappitoto.

Si une vache est tombée malade ou si une vache est épuisée, on met un bâton sous son sternum pour la soulever. Mais un berger tout seul ne peut pas faire cela : s'il saisit le derrière, l'avant ne peut pas se soulever; s'il saisit l'avant, l'arrière reste assis.

L'homme seul ne peut rien faire, tout le dépasse. C'est l'union qui fait la force. Le proverbe utilise l'image de la bête qui, en fin de saison sèche, est tellement épuisée par les longs mois de pénurie qu'elle n'arrive même plus à se lever. C'est alors le berger qui doit chaque matin la soulever de force et la pousser vers les pâturages, à condition d'être aidé par d'autres.

30.Labbe ðuuððe mbarata nyiiwa

Des lances nombreuses tuent un éléphant.

Tagu to tefi huunde feere mum, o heɓataa ðum. Amma to ðuuðal tefi ðum fu, kooðum no heɓete.

Si quelqu'un recherche une chose tout seul, il ne l'obtiendra pas. Mais si c'est une multitude de gens qui la recherche, alors tout sera obtenu.

L'union fait la force, comme le précédent. [63]

31.Go'oto yewataa tummude

Un seul ne brise pas une calebasse.

To o'o fooði tummude faro mum, kul poðeyðo goððo walaa, tummude yewataa. To o'o yeccake fewre, goððo pottuðo de''i, yeddaay mo, haɓre wadaay : gam ðiðo njewata tummude, ðiðo mbaðata haɓre.

Quelqu'un tire la calebasse de son côté, mais si quelqu'un d'autre ne la tire pas de l'autre côté, la calebasse ne se brisera pas. Si quelqu'un dit un mensonge et personne ne le contredit, alors il n'y aura pas de dispute. Il faut au moins deux personnes pour briser une calebasse. De même il faut deux personnes pour faire une dispute.

---

[63] C'est probablement un proverbe historique, qui remonte à l'époque où les Woðaaɓe vivaient dans des régions encore habitées par des éléphants.

L'image est une métaphore de la co-habitation entre personnes qui ont différentes sensibilités. Il faut savoir oublier les différences, éviter les disputes et chercher toujours l'harmonie. Proverbe souvent cité pour apaiser les rélations conflictuelles qui existent entre co-épouses (*lawniraaɓe*). (Voir aussi n°48).[64]

32. Jawo wo'oto sonyataa

Un bracelet tout seul ne cliquette pas.

Jawo wo'oto sonyataa, say ɗiɗi. Go'otum walaa fu, ɗiɗabum e ɓuri. Joonnde nder duunyiaaru e ɓuri joonde feere.

Un bracelet tout seul ne cliquette pas, il en faut deux. Un seul bracelet ne fait rien, un deuxième c'est mieux. Vivre au milieu des gens vaut plus que vivre tout seul.

L'homme est un être social, qui s'épanouit en vivant et travaillant avec les autres. Il y a bien peu de choses qu'on peut accomplir si on ne vit pas avec les autres.[65]

33. Bumɗo say to o heɓi ɗoweego, nden o ruugoto

L'aveugle ne se met en route que s'il a trouvé un accompagnateur.

Kul a yi'i bumɗo e dawa, o heɓi ɗoweego. Kul o heɓaayno dofto'o o dawataano.

Si un aveugle se lève de bon matin (pour entreprendre un voyage), c'est parce qu'il a trouvé un accompagnateur. S'il n'avait pas trouvé un accompagnateur, il ne se serait pas levé tôt.

Au sujet de celui qui entreprend un projet qui, selon l'avis de tous, est au-dessus de ses forces : s'il a décidé de le faire, cela veut dire qu'il en a les moyens, autrement il ne le ferait pas.[66]

34. Belɗum wutaandu nyamata jombal

C'est le plaisir de l'épis (de mil) qui mange la tige.

Gam belɗum gawri watta neɗɗo ƴakka jombal. Gam belɗum bannda watta ɓaɗora gonɗo e muuɗum.

---

[64] Voir aussi H. Tourneux- D. Yaya p. 498.

[65] Voir aussi H. Gaden (1931) n°828.

[66] Le personnage de l'aveugle revient dans plusieurs proverbes, symbole de détresse et impuissance, la cécité étant une forme de handicap particulièrement terrible pour un pasteur nomade (voir aussi n°417, n°427 et n°433).

C'est en vertu du plaisir du mil qu'on mâche sa tige. C'est aussi en vertu du plaisir de ton parent que tu t'approches de celui qui vit près de lui.

Le proverbe rappelle qu'une communauté est faite de réseaux de liens entre individus. Cela se dit dans le cas d'une amitié entre personnes qui pourtant ne semblent avoir rien en commun.

35. Yitere no yehey to ɓernde yiɗaa, amma kosngal yahataa

L'œil va là où le cœur ne veut pas (aller), alors que le pied n'y va pas.

Neɗɗo yahataa to ɓernde yiɗaa, say to ɓernde yiɗi. Gam tagu woni ɓernde. Amma neɗɗo yiɗi yiɗaa, yitere no yehey to yiɗi.

On ne va pas là où le cœur ne veut pas aller, mais seulement là où le cœur veut. L'être humain c'est avant tout le cœur. Qu'on le veuille ou pas, l'œil ira là où il veut.

Le fait que quelqu'un a décidé de venir chez toi et de rester dans ton campement est un signe incontestable de son amitié. Il faut apprécier son geste à sa juste valeur. Ce proverbe est particulièrement utilisé par un homme qui rend visite à une femme dont il est épris pou lui exprimer ses sentiments.[67]

36. Kosngal yahataa to ɓernde yiɗaa

La jambe ne va pas où le cœur ne veut pas (aller).

Mi wari to maaɗa : ngarol ngol wanaa e meere, amma gam ɓernde am hokki yam. Ko neɗɗo waɗi fu e ɓernde mum iwata.

Je suis venu chez toi: mais ma venue n'est pas sans valeur, parce que c'est mon cœur qui m'a poussé à venir. Tout ce qu'un homme fait vient de son cœur.

Variante plus courte du proverbe précédent. Le cœur/*Ɓernde* désigne la source du tout désir. L'amoureux timide – qui n'ose pas regarder le visage de la femme dont il est épris - n'obtiendra pas ce que son cœur désire : ainsi « la peur de l'œil est le désespoir du cœur » (voir le n°366).

37. Ɓernde faaɗaa, yitere e faaɗi

Le cœur n'est pas étroit, l'œil est étroit.

Le coeur peut se représenter toute personne, objet ou pays lointain et invisible à l'œil. Proche du proverbe français : «Loin des yeux, loin du cœur ».

---

[67] Voir aussi H. Tourneux- D. Yaya p. 548.

L'absence ou l'éloignement peut diminuer l'amitié et l'affection. Proverbe souvent utilisé dans le cadre des relations entre homme et femme.

38. Ta' heed e gite gedo'o, heed e ɓernde makko

Ne reste pas devant les yeux de celui qui fait un partage, reste devant son cœur.

Ɓaɗiiɗo ɓernde e ɓuri ɓadiiɗo e gite. Gam tagu woni ɓernde, tagu nder ɓernde yiɗata.

Celui qui est proche du cœur vaut plus que celui qui est proche des yeux. Parce qu'une personne est le cœur, c'est dans son cœur qu'une personne aime.

Conseil de chercher des amitiés désintéressées. Proverbe basé, comme le précedent, sur l'opposition entre œil et cœur.

39. Fuɗɗugo amaana saɗaa, heenyugo ka saɗi

Commencer une amitié n'est pas difficile, la porter à terme est difficile.

Neɗɗo anndaa to ka haayroyta : anndaa ka bonna, anndaa ko bonnataa.

On ne sait pas vers où une amitié se dirige : on ne sait pas si elle est mauvaise ou si elle n'est pas mauvaise.

A l'intention à la fois de celui qui se montre trop enthousiaste d'une nouvelle relation d'amitié et à celui qui a été trahi par un ami.

40. Balde sappo sappataa jikku tagu

Dix jours suffisent à montrer le caractère de quelqu'un.

Kul aɗa wondi e tagu, a heppataa anndugo ɗum, a anndey jikku mum, to ɗum booɗɗum, to ɗum wooɗaa, to ɗum geetum, to ɗum jamniiɗum.

Si tu vis avec quelqu'un, tu le connais certainement, tu connaîtras son caractère – qu'il soit bon ou mauvais, agréable ou méprisable.

Proche du proverbe précédent. Le proverbe est construit sur une allitération (*sappo*, dix / *sappa*, montrer).

41. Higo gujjo no gujjo

L'ami du voleur est un voleur.

To a higgiri e tagu, ko o waɗi fu, kanjum mbaɗata. Non no o waɗi fu, non mbaɗata.

Tu as le même comportement de celui avec qui tu as un lien d'amitié. Tu agis comme lui.

Faire attention aux personnes qu'on fréquente.

42.Mo ndimdeeɗa, kam anndiney ma hunnduko ma e hacci

C'est celui avec lequel tu es né (ton parent proche) qui t'avertira que tu as une mauvaise haleine.

Mo ndimdeeɗa no wallete kul a torriɗo, amma mo rimdaaka wannaaka, no waɗey ga jalgo tan.

Ton parent (litt. « celui avec lequel tu es né ») t'aidera quand tu seras dans le besoin, alors que l'étranger (litt. « celui avec lequel tu n'es pas né ») ne se fera pas de souci, ne fera que se moquer de toi.

La force des liens de parenté. [68]

43.Ko loŷi nde, woyinii nde

Ce qui a frappé un (œil) a fait pleurer l'autre (œil).

To goɗɗum loŷŷi yitere wo'ore, wonnde say waɗa ngondi. Torra e naawɗum ɓaɗiiɗo ma fu no laatoto torra a naawɗum maaɗa.

Si quelque chose est entrée dans un œil, l'autre (œil) commence à larmoyer. La peine et la souffrance de celui qui t'est proche deviennent ta propre peine et ta propre souffrance.

Communauté de destin des gens d'un même clan. On est ensemble dans le bien comme dans le mal.

44. Teenaaki fu e seɓre mum

A chaque arbre son écorce.

Kookiye a ko ittante e seɓre mum. Koomoye e ngal o gollata.

Chaque arbre avec ce qu'on peut retirer de son écorce. Chacun avec le travail qu'il sait faire.

A l'intention de ceux qui tendent à oublier leurs capacités réelles et pensent pouvoir d'entreprendre ce qui est au-dessus de leurs forces.

---

[68] *Mo ndimdeeɗa* signifie littéralement « celui avec lequel tu es né ». Pareillement, le terme *danydeeki* définit la parenté : litt. « le fait d'être engendré avec » (du verbe *danyda,* qui signifie « accoucher, engendrer avec» .

45. Limtoowo jehi ɓile, jaɓooɓe jeyi hello

Au chanteur soliste le verset du chant, aux membres de la chorale (litt. « ceux qui reçoivent ») le claquement des mains.

L'image est celle des danses traditionnelles (comme *geerewol* ou *yaake)* des jeunes, où un soliste (*limtoowo*) chante les versets du chant et les autres l'accompagnent en dansant et en claquant les mains. Dans le groupe, chacun a une responsabilité et un rôle précis.

46. Colli nanduɗi pirdata

Les oiseaux qui se ressemblent volent ensemble.

Il est préférable de vivre et travailler ensemble avec les personnes qui nous ressemblent et avec lesquelles on partage des intérêts.

47. Higo gujaaru no damooru

L'ami du varan d'eau est le varan de terre.

Même sens que le proverbe précédent. Ceux qui se ressemblent tendent à vivre et travailler ensemble.

48. Gonduɗi lawtotirta

(Les vaches) qui sont ensemble se mélangent.

Na'i kul ɗi ngondi, no kawritey, o lawtotirtey, no njuw-njuwtirey. Na'i kul jo''inirde majji ɓaɗotiri, ɗi njuw-njuwtirey, gam ɓunndu wo'oru howti ɗi. Kul en mbaɗotiri, a heppataa nanngo naawɗum am, mi heppataa nanngo naawɗum ma. Si les vaches sont ensemble, elles ne manqueront pas de se rassembler, de s'entremêler, de se donner des coups de cornes les unes les autres. Si (au puits) leurs abreuvoirs sont proches, elles se donneront des coups de corne, parce que le même puits les unit. Si toi et moi nous sommes proches, tu ne manqueras pas de souffri à vause de moi, je ne manquerai pas de souffrir à cause de toi.

Il ne faut pas s'étonner des conflits qui peuvent surgir entre proches. Utilisé surtout dans le cadre des relations entre coépouses (*lawniraaɓe).* (Voir aussi n°31).

49.Mbelka no so'ey laɓi e daande

Une (parole) agréable éloigne le couteau de la gorge.

A nani mone goɗɗo. Daga a yehey to makko keɓa mbi'a mo naawka. Doo ko njahɗa, a walaa ɗalgo mo. Amma to a yottake, ngoɗka mbelka o wi'i ma. Daga a ɗaley mo noo, gam mbelka makko feewni ma ɓernde.

Tu as éprouvé du dépit vers quelqu'un. Alors tu vas chez lui pour lui adresser à ton tour des propos désagréables. Au moment d'y aller, tu n'es pas du tout disposé à le pardonner. Mais, une fois chez lui, c'est lui-même qui prend l'initiative de t'adresser une parole gentille. Et alors tu vas le laisser ainsi, parce que cette parole agréable a apaisé ton cœur.

Au sujet des régles fondamentales du vivre ensemble.[69]

50.Hokki re'a, hokkaay re'a, mbi'eteeka woni re'ataa

Le fait de donner a une limite, le fait de refuser a une limite ; mais il n'y a pas de limites aux choses qu'on peut dire.

Cannuɗo e caɗɗo fu no nde'ey, amma wolliinde kam woni yonki, kam re'ataa.

L'avare et le généreux disparaîtront, mais la parole est la vie, elle ne finira jamais.

L'importance de la parole, du discours, de la palabre – ce sont les éléments essentiels du vivre ensemble.

51.Ko soodete e luumo hewtataa ko soodatake

Ce qui est achété au marché ne vaut pas ce qui ne peut pas être acheté.

Valeur inestimable de l'amitié, l'entraide, la solidarité et le partage : il s'agit de biens que l'argent ne peut pas acheter.

52.Mbabba to wa'ati fu'utere re'i

Ane crevé ne pète plus.

To goɗɗo jogani ma nyamande. To o itti o hokki, ɗume hoori jo'oni?

Quelqu'un avait une dette vis-à-vis de toi. Une fois qu'il a pris (son argent) et t'a remboursé, qu'est-ce qu'il reste maintenant ?

[69] Au sujet d'une parole agréable (*mbelka*) voir aussi n°67.

Ce proverbe – qui suscite beaucoup d'hilarité - est évoqué quand deux personnes ont finalement rejoint un accord. Enlever la cause d'une dispute pour qu'il n'y ait plus de dispute.[70]

53.*Ndungu waalani ceedu*

La saison pluvieuse a été l'hôte (« est venue passer la nuit chez ») de la saison sèche.

La saison des pluies (*ndunngu*) est l'opposé de la saison sèche (*ceedu*), mais parfois, une forte pluie peu tomber pendant la saison sèche. C'est l'image d'un problème qui semblait insoluble, mais qui finit par trouver une solution.

54.Yitere mo a yardataa welaa

L'œil de celui avec lequel tu ne partages pas ton repas n'est pas agréable.
Bilki e mawɗo njardataa. Boo kul mawɗo e jooɗi emo yara, bilki mo o yardata e muuɗum o suti mo, mawɗo welnataa. Kulol jeyi ɗum, gam bilki e mawɗo no kulkultirey, kanɓe wanaa no yarɗooɓe, wana no yahadooɓe

Un jeune et un adulte ne prennent pas leurs repas ensemble. L'adulte ne sera pas à l'aise si un jeune le regarde pendant qu'il mange. Ceci est à cause de la crainte, parce que jeunes et adultes se craignent les uns les autres, et donc ils ne mangent pas ensemble, ils ne vont pas ensemble.

Le proverbe rappelle la crainte révérencielle (*kulol*) qui doit exister entre personnes de différentes classes d'âge. La distance entre elles est un des piliers du *pulaaku*, de la manière de vivre des Woɗaaɓe. Mais au-delà de cette première signification, le proverbe est aussi utilisé pour dire, d'une manière assez banale, qu'on n'aime pas que les autres espionnent de près ce que nous faisons.

55.Mo tagaay yawataa

Celui qui n'a pas créé ne méprise pas.

Tagu ma no nyawɗo. Daga goɗɗo no ƴamete habaru njamu makko, bo a wi'ataa no o wontiri.

Quelqu'un de ta famille est malade. Un étranger te demande des novelles de sa santé, mais tu ne dis rien de son état.

---

[70] Voir aussi H. Tourneux- D. Yaya p. 517.

Expression de retenue ou pudeur (propre au code du *pulaaku*) : on ne peut pas répondre directement à une question posée au sujet de la santé d'un proche (conjoint, premier enfant, beaux-parents, etc.). Alors on évoque tout simplement ce proverbe, pour dire d'une manière discrète : on ne peut pas se plaindre !

56.Jogiiđo laral kutu yiđaa 'harja'

Celui qui possède la peau du chien n'aime pas (qu'on s'adresse à lui en disant) : « coucher ! ».

Tagu fu yiđaa ɓarnaneego dow jikku mum, kul đum ɓolđum

Personne ne veut qu'on fasse allusion à son caractère devant tout le monde, surtout s'il est mauvais.

On ne doit pas parler en public, même pas d'une manière allusive, du mauvais caractère de quelqu'un. Conseil donné à ceux qui ont tendance à parler mal des autres.

***57.To a nanii wahare bannda wuli, sofru nde maa*đa**

Si tu as appris que la barbe de ton voisin a pris feu, mouille la tienne.

Naawđum đum bannda nanii, heppataa nanngugo ma.

Le malheur qui a frappé ton proche ne manquera pas de te frapper.

La souffrance de ceux qui nous sont proches devient vite notre propre souffrance. D'où le besoin d'être solidaires et de nous entraider, autrement les malheurs des autres finiront toujours par nous rattrapper. Cela rappelle le proverbe français: "Il ne faut pas se moquer de la peine du voisin, car la vôtre arrive le lendemain matin".

58.Ko meemi kine fu no meemey gite

Ce qui a touché les narines touchera aussi les yeux.

Même signification que le proverbe précédent.

59.Nyannde lootam (maayde) siibiiru suudataake

Le jour où on lave le cadavre (le jour de la mort) le nombril ne sera pas caché.

No kuldataa wirnugo ɓanndu ma fu, nyannde maayde a lootataako e kolte ma. No njirruđa suudgo ko keɓđa, a heɓataa đum nder lenyol

Malgré ton désir de cacher ton corps, le jour de ta mort tu ne seras pas lavé avec tes habits. Malgré ton désir de cacher ce que tu as, tu ne pourras pas le faire au sein de ton groupe.

Pendant toute la vie, on essaie de cacher aux autres notre nombril, c'est-à-dire nos pensées les plus intimes, notre personnalité. Mais à la fin, tout finira par être révélé. On ne peut pas être toujours indépendant des autres.

60.Ɓernde ranee, yeeso ɓaleewo

Cœur blanc, visage noir.

Halleende fu e ɓernde iwata, moÿÿeenðam fu e ɓernde iwata. Yeeso ɓalwi ɓalwaay, kul aða yiði neððo, yiðde ma e nder ɓernde ma woni

La méchanceté et la bonté viennent du cœur. Le visage peut être noir (renfrogné) ou pas. Mais quand tu aimes quelqu'un, ton amour est dans ton cœur.

En jouant sur l'opposition des couleurs du cœur et du visage, ce proverbe est un conseil adressé aux parents sur la manière d'éduquer et de traiter les enfants qu'on aime : il faut savoir les corriger, leur montrer une certaine sévérité (« montrer un visage noir »). Cela est bien pour leur plus grand bien, pour les éduquer et affirmer qu'on les aime (qu'on a pour eux « un cœur clair, transparent »).

61.We'itana yeeso e ɓuri we'ittana daago

Dérouler (ouvrir) le visage vaut plus que dérouler la natte.

Le fait de dérouler une natte pour un hôte qu'on accueille est le symbole de l'hospitalité. Mais cet acte n'a aucune valeur s'il n'est pas accompagné par une attitude amicale (symbolisée par l'expression « dérouler le visage »). Proverbe qui dit en essence : il faut toujours accompagner nos paroles par nos actes.

62.Huunduko e wuufa ÿiÿam nden tuttata jooðe

La bouche garde le sang et puis elle crache la salive.

Kul neððo naawi nder hunnduko, jooðe tan o tuttata. Kul neððo miili ngoðka haala ka wooðaa, no ðaley ka. Tagu mo hakkillo fu wolwataa nawka, wolwataa ngarka e hunnduko mum fu.

Si on se blesse à la bouche, on ne crache que de la salive. Si on pense à une parole méchante, on l'abandonne. Un homme intelligent ne dit pas une parole blessante, ne dit pas toute parole qui vient à sa bouche.

Toute personne adulte – à la différence d'un sot ou d'un enfant – sait comment se comporter au milieu des autres personnes, comment contrôler ses paroles et son comportement. On méprise celui qui exprime « toute parole qui vient à la bouche » (*njaalka e hunnduko fu*).

63.Reedu tagaaka gam go'otum

Le ventre n'a pas été créé pour une seule chose.

Reedu taga gam suuda ko ðuuði, sutta ko ðuuði. Reedu wanaa gam njaram tan ndu taga. Neððo kul no filloto ko nofru mum nani fu, no wartey kaaŋaaðo. Kul neððo nani ka wooðaa, no suudey ka.

Un ventre est fait pour cacher ou révéler beaucoup de choses. Il n'a pas été créé seulement pour la nourriture. Si on raconte toujours tout ce que l'oreille entend, on devient fou. Si on a entendu des propos qui ne sont pas bons, il faut savoir les cacher.

C'est un proverbe qui conseille une attitude de réserve et de contrôle de soi-même dans les rapports humains. Contre toute tendance à divulguer des commérages et des calomnies.

64.Jawle e ndurda, amma kollindirtaa kare mu'en

Les pintades picorent ensemble, mais elles ne montrent pas leurs crânes les unes aux autres.

Gam a hoolake neððo fu, eðum woodi ko cuuðata.

Malgré toute la confiance que tu peux avoir pour quelqu'un, il y a toujours des choses de toi-même que tu cacheras.

Valeur de la pudeur et de la retenue dans toute circonstance.

65.Mo walaa wahare, ɓium walaa ko nangata

L'enfant de quelqu'un qui n'a pas de barbe n'a rien à quoi s'accrocher.

La jeune génération a besoin des anciens pour pouvoir s'en sortir. En fait, par le biais de cette image comique, ce proverbe s'adresse aux adultes, pour qu'ils adoptent toujours une conduite exemplaire et responsable vis-à-vis de la jeune génération.[71]

[71] Voir aussi H. Gaden (1931) n°384.

66. Koɗo ma woni mo maaɗa

Ton hôte t'appartient.

Goɗɗo kul wari to aɗa, o yawaay ma, o wanyaay ma, fa o warti koɗo ma, kaŋko woni mo maaɗa, kanko woni mi maaɗa. Kosngal makko wooroyaay wuro ma.

Si quelqu'un est venu chez toi, il ne t'a pas méprisé, il ne t'a pas montré de la haine, tellement qu'il est devenu ton hôte : alors il fait partie de tes proches, il est à toi. Ses pieds n'ont pas contourné ton campement.

C'est la loi de l'hospitalité pour tout le monde. Le proverbe est surtout évoqué dans le cadre des obligations que tout éleveur de bétail a vis-à-vis des autres éleveurs. Ce sont les principes d'un véritable « code du pastoralisme » (*laawol ngayna*) qui doivent être respectés (donner hospitalité, s'occuper d'un animal égaré, permettre l'usage d'un puits à un troupeau de passage, etc.).

67. Mbelka no njoobaari

Une parole agréable est comme une nourriture pour le voyage.

Goɗɗo warii to maaɗa o heɓa goɗɗum. A hokkaay mo, amma a wolwanii mo mbelka. Ka' mbelka ka mbi'iɗaa mo ka heŷŷii mo, ka ɓurii kooɗume.

Quelqu'un est venu te voir pour obtenir quelque chose. Tu ne lui as rien donné, mais tu lui as adressé une parole aimable. Cette parole lui suffit, elle vaut plus que tout.

La qualité des relations humaines n'est pas seulement faite de dons, mais aussi, et surtout, d'attitudes et de comportements. [72]

68. « To ! » seekataa daande (ɓuhunataa daande)

(Dire) « Bon ! » ne déchire pas la gorge (ne gonfle pas la gorge)

To neɗɗo wi'i ma ngoɗka, bo a jaɓaay ka; gam a wi'i mo « To ! » fu, ɗum wataa a jaɓi.

Si quelqu'un a tenu certains propos et tu n'es pas d'accord; même si tu dis "Bon!", cela ne veut pas dire que tu es d'accord avec lui.

Comme le proverbe français : « Douces paroles n'écorchent pas la langue ». Dans la vie sociale, il faut parfois être tout simplement poli, sans nécessairement se plier aux demandes des autres.

[72] Au sujet d'une parole agréable voir aussi n°49.

69.Hakkillo no guðel bilki

L'esprit est comme le petit pagne d'un enfant.

Kul bilki e jooði, guðel no suhurey mo. Amma to o ummake, henndu no hooƴey ngel, ngel weenjo, ngel ðaley mo, ngel suhuraay mo. Hakkillo neððo no guðel bilki gam e meere tifre wonnde no soptoto. To a waðani bannda goððum ko wooðaa, a wi'ey mo: "Parane yam, Waane, e ko mbaðmi, hakkillo no guðel bilki".

Quand un enfant reste assis, son petit pagne le couvre, Mais quand il se lève, le vent soulève (le pagne) et laisse ainsi l'enfant tout nu. L'esprit humain est comme le pagne de l'enfant, parce que parfois, pour un rien il s'écarte. Si tu as eu un mauvais comportement vis-à-vis d'un proche, tu lui diras : « Eh, Un Tel, pardonne-moi pour ce que j'ai fait, l'esprit est comme le petit pagne d'un enfant ».

Hakkillo désigne ici le principe de l'action humaine – non pas la faculté intellective. L'évocation de ce proverbe est une manière délicate pour demander pardon à quelqu'un.

70.Sonndu no yawora fu, wuddataake e leeɓe mum

Malgré tout le mépris qu'on a pour un oiseau, on ne va pas tout de même le rôtir avec ses plumes.

Yawaare fu a woodi keerol. Neððo no yawora fu, fi'ataake kul o waðaay ko woðaa.

Même le mépris a une limite. Malgré tout le mépris qu'on peut avoir vers quelqu'un, on ne va pas tout de même le frapper, s'il n'a rien fait de mal.

Une autre manière indirecte pour conseiller la retenue et le contrôle de ses propres impulsions.

71.Joomiiru jogoto to ndu sume

C'est au propriétaire de saisir la bête quand elle est marquée au feu.

Joogiiðo huunde no waðey noon no o yiði fu, gam o anndi. Joom fii darwantaake dow ðum mum.

Le propriétaire fait ce qu'il veut de son bien, parce que cela est de sa compétence. On ne donne pas des conseils à quelqu'un au sujet de ce qui lui appartient.

Retenue et modération. Eviter de se mêler des affaires des autres.

72.Joomiiru anndi to ndu toɓrirta

Le propriétaire (de la maison) sait où la pluie s'infiltre.

Joom huunde darwantaake, gam jom huunde anndu ðum mum.

On ne donne pas des conseils à quelqu'un au sujet des affaires qui le concernent.

Comme le proverbe précédent : on ne se mêle pas des affaires des autres. Ici on fait référence à la maison en banco ou boue séchée (*suudu loɓokke*).[73]

73.Ngulu aritake e teelende, wanni nyippooɓe

L'incendie est arrivé sur le sommet du crâne (de quelqu'un) et il embarrasse ceux qui doivent l'éteindre.

To ngulu nanngi teelende, walaa nyippo'o ðum, say joomum. To mawðo waði goððum ko wooðaa, walaa mbolwaneyðo mo, gam koowa majji ko o wi'ata. Si un feu a pris le sommet du crâne, personne ne peut l'éteindre, sauf la personne concernée. Quand un adulte a commis une chose inappropriée, personne le lui dira un mot, personne ne saura quoi lui dire.

Allégorie d'une situation sans issue : quand on ne peut plus recourir aux autres et on doit assumer ses propres responsabilités.

74.Jam jeyi siriw

Absence de nouvelles signifie paix.

Kul goððum ko wooðaa waðino banye, a heppataano heɓgo habaru majjum.

Tu ne manqueras pas d'avoir les nouvelles d'un événement fâcheux, qui se serait produit quelque part.

Proche du proverbe français : « Pas de nouvelle, bonnes nouvelles ».

75.Wolwu ka, feewu

Dis cette (parole) et apaise-toi.

Ton to ngonða, aða miila haala ngoðka, aða yiði wolwugo ka, bo a wolwaay. Kaŋka ɓurða yiðo wolwugo fu, bo a heɓaay mbolwuða ka. A wolwaay, bo goððo annditani ka.

[73] Voir aussi le proverbe haousa : G. Merrick, op. cit. 1905, n°72.

Tu es en train de penser à une certaine parole que tu veux dire et pourtant tu n'as pas encore parlé. C'est cela que tu veux dire, plus que toute autre chose, mais tu n'as pas encore pu parler. Tu n'as pas parlé, et voilà que quelqu'un a deviné (ton propos).

A l'intention de ceux qui n'arrivent pas à exprimer toute leur pensée sur certains sujets, mais dont les propos – à cause de leur comportement ou leur tempérament - sont déjà connus en avance par tous.

76.Bumɗo jalataa dokko

L'aveugle ne se moque pas du borgne.

Il ne faut pas se moquer de ceux dont la situation est préférable à la notre.[74]

1.2 Les leaders

77.Dimo no daande ndaawu

Une personne distinguée est (comme) le cou d'une autruche.

Daande ndawu no nde yiɗi fu no so'orto. Tagu dimo fu, toginɗo mo ƴiƴam, to o yiɗi fu, no yehey, no heɓey duuniaaru.

Le cou d'une autruche se tourne là où il veut. La personne distinguée, la personne qui a du charme, la personne qui a du sang, ira là où elle veut aller et gagnera le cœur de tout le monde.

Cela se dit de ceux qui « ont du *fulfulde* », qui sont généreux et magnanimes et qui exercent une véritable attraction (*togu*) sur les autres. On dit de ces personnes charmantes (*toginɓe*) qu'elles « ont le sang des gens » (*ƴiƴam duuniaaru*) ou « un sang chaud » (*ƴiƴam ngulɗam).*

78.Kayiiɗo e ɓuri mo kayaaki

Celui qui a des qualités (humaines) vaut plus que celui qui n'en a pas.

Kayiiɗo woni maalaaɗo, kakkilɗo, annduɗo duuniyaaru. O'o e ɓurii ɓi tagu fu.

Celui qui a des qualités (humaines) est celui qui est acclamé (par les autres), celui qui a l'esprit vif, celui qui connaît les autres. Celui-ci est supérieur aux autres.

---

[74] Voir aussi H. Gaden (1931) n°302. Pour la rélation entre aveugle et borgne voir aussi le n°417.

Au sujet de l'admiration dont est entouré celui qui a des qualités humaines supérieures (dans le cadre des relations sociales). Le *kayiiðo* symbolise ici l'homme accompli, à l'esprit fin, qui suit « le chemin du *fulfulde* » - la racine *hay-* désigne, entre autres choses, la propriété d'un coteau bien aiguisé ou la valeur excellente d'un pâturage.

79. Tigiiðo fu no wencoto

C'est celui qui a commencé à manger qui s'arrêtera le premier.

L'image est celle du repas que les hommes prennent en commun, dans l'espace qui leur est réservé (*daððo)* à l'ouest du campement.[75] Ils partagent la même nourriture en se servant d'une seule cuillère en bois, qui passe d'une personne à l'autre : celui qui a commencé à manger (parce qu'il a la priorité sur les autres en vertu de son âge ou de son statut parental) doit aussi arrêter de manger avant les autres. Proverbe évoquée à l'intention de certaines personnes, pour leur rappeler leurs responsabilités au sein du groupe.

80. Artuðo ma ðanaago no artete finngo

Celui qui s'est endormi avant toi se réveillera avant toi.

Kecuðo ma e rimeego kam hollete koðume. Ahan a artataa kolla ðum. Annduðo ko ndimeeða no hollete goððum ko a anndaa nden nde ndimeeða.

Celui qui est plus âgé que toi te montrera toute chose. Tu ne peux rien lui montrer. Celui qui connaît le moment de ta naissance te montrera toujours ce que tu ne connaissais pas au moment de ta naissance.

C'est un proverbe qui met l'accent sur la connaissance des choses des anciens. D'où la nécessité de les respecter, puisqu'ils sont les véritables piliers de la communauté. L'ancien est celui qui connaît « l'origine des choses » (ce que les Woðaaɓe appellent le *fina-weeta*, litt. *fina*, se réveiller, *weeta*, se lever de bon matin). Mais, au-delà de cette première signification, le proverbe conseille de ne jamais adopter une attitude orgueilleuse et prétentieuse vis-à-vis des autres.[76]

---

[75] Voir aussi n°4.

[76] Ce proverbe rappelle une expression : *arti-rimeego sakkiti-howeego* « premier à naître, deuxième à être marié », qui évoque tout forme d'incohérence, par le biais d'une anomalie de nature sociale (le frère ainé devant normalement se marier en premier).

81.*Ko annduða fu, a anndaa ilaari maaða*

Malgré tout ton savoir, tu ne connais pas ce qui est arrivé avant toi (avant ta naissance).

Comme le proverbe précédent.

82.Njo'orki anndi ko kecci woodi, amma kecci anndaa ko nj'orki woodi.

L'arbre sec connaît ce que l'arbre vert est, mais l'arbre vert ne sait pas ce que l'arbre sec est.

Bilki anndaa ko mawðo anndi, amma mawðo anndi ko bilki anndi, gam sabbungo kam hollata kooðum.

L'enfant ne connaît pas ce que l'ancien (adulte) connaît, mais l'ancien connaît ce que l'enfant connaît, parce que c'est une longue vie qui montre tout.

C'est un autre proverbe qui rappelle aux jeunes la valeur de l'expérience des anciens et leur connaissance des choses.[77]

83.A anndi ki da njarða ki

Tu connais (l'arbre) puisque tu en as mangé (les feuilles).

A waði wonnde daabare hallunde, bo fi yani dow hoore maaða. Ndenno, ilaa a waðaayno fi, duuniyaru anndini ma, amma a jaɓaay ka maɓɓe. Jo'oni, a waði fi, a yi'iri ðum e gite ma: ðum nafraay ma.

Tu as pris une mauvaise décision et tu en paies les conséquences. Lorsque tu n'avais pas encore pris cette décision, les gens t'avaient bien prévenu, mais tu n'as pas prêté attention à leurs conseils. Maintenant que tu as pris ta décision, tu as vu de tes propres yeux les conséquences (de ton action) : cela ne t'a pas profité.

Il ne faut jamais agir seul, il faut tenir compte de l'avis des autres, en particulier des anciens. D'une manière positive, le proverbe met aussi l'accent sur l'importance d'apprendre à partir de nos expériences (le proverbe fait allusion aux feuilles amères de certains arbres).[78]

84.Nannante kecataake

On ne peut pas être plus âgé que le ouï-dire.

Ilaa a rimaaka, goððum waði ko a yi'aay, boo a nani habaru majjum. Ko nanata fu, ðum hecu ma.

---

[77] Voir aussi H. Tourneux- D. Yaya p. 549.

[78] Le pronom *ki* se réfère à *lekki* (arbre). Voir aussi n°89. Mais le proverbe a aussi avoir un sens sexuel caché (*lekki* désigne aussi le clitoris).

Avant ta naissance, de choses se sont passées, des choses que tu n'as pas vues, et pourtant tu en as été informé. Tout ce dont tu entends parler est plus âgé que toi.

Même enseignement que le proverbe précédent.

85.Mawɗo kam woni gite

Un ancien (litt. « un adulte ») c'est les yeux.

Bilki anndaa koomi, mawɗo kam hollata hunnde no ɗum waɗete. Bilki emo dari, boo o yi'ataa. Mawɗo emo jooɗi, amma emo yi'a, gam sabbungo hollataa mo hunnde fu.

Un jeune ne connaît rien, mais un ancien montre tout ce qu'il faut faire. Le jeune est là, debout, mais il ne voit rien. Alors que le vieux est là assis, mais il voit tout, parce que sa longue vie lui a tout montré.

Image lumineuse au sujet de de la connaissance des choses de la part des anciens.[79]

86.Yeesoojo gite gaɗaajo

Celui qui précède est les yeux de celui qui est suit.

Anndal yeesoojo nafi gaɗaajo. Gam kul yeesoojo hebi laawol mbooɗngol, faa e gaɗaajo no tokkey ngoL Amma kul yeesoojo yanii nder ngaska, gaɗaajo no wooroyey ka.

La connaissance (des choses) de celui qui marche devant est utile à celui qui se tient derrière. Si le premier a trouvé une bonne route, celui est derrière en profitera. Mais si le premier tombe dans un trou, celui qui est derrière le contournera.

« Celui qui précède ou se tient devant » est une métaphore pour désigner un ancien : la connaissance qu'il a des choses est très précieuse pour « celui qui se tient derrière », c'est-à-dire le jeune.[80] L'expérience des anciens peut permettre aux jeunes de ne pas commettre les mêmes erreurs. D'une manière générale, cependant, le proverbe affirme qu'on peut toujours apprendre de l'expérience des autres.

---

[79] Voir aussi H. Gaden (1931) n° 1004 et n°1005.

[80] Voir aussi l'expression : *Waane heedi yeeso* « Un Tel se tient devant » - pour dire qu'il est décédé.

87.Mawðo no kiineewol

Un ancien est une bride.[81]

Artuðo darwanta. Mawðo darwantaake, gam kanko jeyi daabare.[82]

C'est celui qui se tient devant qui prend les décisions. On ne donne pas des conseils à quelqu'un qui se tient devant. Parce que c'est à lui que revient la responsabilité de prendre des décisions.

C'est une admonestation à la fois adressée aux jeunes (pour qu'ils respectent les conseils des anciens) et aux anciens (pour qu'ils sachent assumer leurs responsabilités vis-à-vis du groupe) tout entier.

88.Mawðo no gagel ÿaakel

Un ancien (vieux) est comme un taurillon de l'année dernière.

Gagel ÿaakel kam ardata nyalbi fu, ngal kangel yeyii daabare. To ðum daabare hallunde, kangel huðete, to ðum wooðnde, kangel maanete.

C'est le taurillon né l'année dernière qui se tient devant le troupeau des jeunes veaux, c'est lui qui prend les décisions. S'il prend des mauvaises décisions, c'est lui qu'on critique. S'il prend de bonnes décisions, c'est lui qu'on loue.

Image de la vie pastorale, qui évoque le « troupeau des jeunes veaux » (appelé *koðorgol* ou *luhunande*). Le taurillon le plus âgé, meneur du troupeau, représente le leader de la communauté, qui donne au groupe la direction à suivre.

89.Goonga no sabaraahi

La vérité est comme (les feuilles amères) de l'arbre *sabaraahi.*

Goonga welaa tifre go'o, bo e haan wi'e. Goonga no kaððum, amma no weltey.

Parfois, la vérité n'est pas agréable et pourtant il faut bien la dire. La vérité est amère, mais elle finira par avoir un bon goût.

Il faut toujours accepter un comportement sincère et honnête, même si cela peut parfois sembler difficile - on évoque le *sabaraahi* (Guiera senegalensis), plante médicinale, dont les feuilles sont très amères. On dit que « souvent la vérité n'a pas un bon goût, mais elle finira toujours par s'adoucir » (*goonga welaa, amma no weltey*). Proche du proverbe français : » Il n'y a que la vérité qui blesse ».

[81] Le terme *kiineewol* désigne la corde passée à travers les naseaux (*kine)* percés d'un bœuf porteur, pour le faire avancer et lui donner une direction.
[82] Voir aussi n°300.

90.Goonga welaa, amma no weltey

La vérité n'a pas un bon goût, mais elle s'adoucira.

Variante du proverbe précédent.

91.Mo rimaaka mawnataa

Celui qui n'est pas né ne grandira pas.

Mo nji'iɗa mawni fu no rima. Neɗɗo sali daabare baaba e inna mum: o yiɗaa darwaneego e maɓɓe, boo kamɓe ndimi mo.

Celui que tu vois grandir c'est parce qu'il a été mis au monde. (Cela se dit quand) quelqu'un a refusé le conseil de son propre père et de sa propre mère : il n'accepte pas leurs conseils et ce sont pourtant eux qui l'ont mis au monde.

Proverbe adressé aux jeunes pour qu'il montrent du respect vis-à-vis des parents et des anciens.

92.Mawɗo waɗɗintaaka jogane lagambal

On ne tient pas la bride du cheval monté par un ancien.

Mawɗo yiɗaa darwaneego. To o waɗɗi, kanko hoore mum jogoto lagambal. To o waɗi gollal ngonngal, kanko anndi noy ngal waɗete.

Un ancien n'aime pas qu'on lui dise ce qu'il faut faire. Quand il monte à cheval, c'est lui qui doit tenir la bride. Quand il fait un travail, c'est lui qui sait comment s'y prendre.

Le respect dû aux anciens. Mais l'image sert aussi à exprimer le fait que personne ne peut véritablement se substituer à quelqu'un d'autre et que tout le monde doit assumer ses propres responsabilités.

93.Ka mawɗo yeddataake

On ne contredit pas (la parole) de l'ancien.

On ne remet pas en question les propos de ceux qui sont plus âgés que nous.

94.Ka mawɗo yanataa e lesdi

La parole de l'ancien ne tombe pas par terre.

Comme le proverbe précédent : au sujet de la valeur des propos des anciens.

95. *Goonga e annda, say e hule [say e sale]*

On connaît la vérité, quitte à la craindre [la refuser].

Kul mawðo wolwi fewre dow ma, a huley fewnugo mo, gam a huley manngu makko. Goonga yottotirtaa: kul goonga yottotiri, duuniya potataa. Goððo to wi'i fewre, pottuðo fu e haan de'a.

Si un ancien a proféré un mensonge en ta présence, tu as peur de dire qu'il a menti, parce que tu respectes son âge. Deux vérités ne vont pas ensemble, autrement il n'y a pas d'accord entre les gens. Si quelqu'un a menti, que les présents se taisent.

Un attitude sociale vertueuse consiste à ne jamais contredire en public un ancien. C'est une forme de respect dictée par le *pulaaku*. Mais cet avis peut être élargi à d'autres aspects des rapports entre les membres d'une communauté, dans le respect des principes de la retenue et de la pudeur.

96. *Gulðo e ɓuri mo wulaay*

Le brûlé vaut plus que celui qui ne s'est pas brûlé.

Annduðo duuniya e ɓuri mo anndaa duuniya. Mo yeeraaki anndaa duuniya, o walaa nder duuniyaaru. O yawaama, o anndaa koðume.

Celui qui a la connaissance des gens vaut plus que celui qui n'en a pas. Celui qui n'a pas participé à la danse rituelle traditionnelle du *geerewol* ne connaît vraiment pas les gens. Il est l'objet du mépris des autres, parce qu'il ne connaît rien.

Encore une fois, l'accent est mis sur la primauté des personnes plus âgées, qui ont déjà l'expérience de la vie et des relations humaines (expérience du feu, dit le proverbe). Dans l'explication de la signification du proverbe, on fait allusion à la danse du *geerewol,* une des cérémonies traditionnelles les plus importantes du groupe, quand les jeunes danseurs, habillés de leurs habits et parures étincelants, dansent face au soleil couchant, à la fin des fêtes claniques (*bakaawal* ou *nganyka*). Au-delà de l'exemple spécifique, le proverbe lui-même rappelle l'importance des leçons apprises dans le passé.

97. *Yi'igo e ɓurii yecceego*

Voir (une chose) vaut plus qu'en entendre parler (par les autres).

Yi'rugo huunde e gite ma e ɓurii nana e noppi ma tan. Dow e ko a nanii e noppi ma, a wi'ataa "farilla", say dow ko gite ma nj'ii.

Voir quelque chose avec tes propres yeux vaut plus que juste en entendre parler avec tes oreilles. Tu ne peux pas dire « certainement » au sujet de choses dont tu as seulement entendu parler, seulement des choses aue tes yeux ont vu.

Au sujet de la valeur de l'expérience personnelle des choses.

98.« Mi yi'ii » e ɓuri « mi nanii »

«J'ai vu» vaut plus que «j'ai entendu dire».

Ko neɗɗo yi'iri e gite mum e ɓuri ko goɗɗo fillanake mo.

Ce qu'on a vu de ses propres yeux vaut plus que ce que quelqu'un d'autre nous a rapporté.

Comme le proverbe précédent. Au sujet de l'importance d'une connaissance directe et personnelle des choses.

99.Nani-ngara

On a entendu dire, venez.

Duuniyaaru fu uggisi, ɓe mbaɗii to ɓe nani belɗum woni, boo ɓe nji'aay ɗum.

Tout le monde s'est regroupé au même endroit, là où ils ont entendu dire qu'il y a du bonheur, et pourtant ils ne l'ont pas vu.

On se moque souvent de cette attitude du « *nani-ngara* » , qui consiste à se précipiter tout de suite pour entreprendre une activité, de manière irréfléchie, sur un ouï-dire. C'est une image par excellence de la vie pastorale : un bon éleveur, par exemple, ne fera jamais un déménagement ou une migration (surtout au courant des premiers jours d'une nouvelle saison pluvieuse) à partir seulement de ce que les autres racontent (au sujet de la qualité des pâturages et de l'eau). Avant de prendre toute décision importante, on doit personnellement se rendre compte de la situation.[83]

100. Bilki no nebbam

Un enfant est le beurre.

To naange waɗi, nebbam no narkoto. To torra waɗi, bilki munyataa. Bilki waawataa ko mawɗo waawata. Gam bilki munyataa ko mawɗo munyi. Gam o torrake fu, mawɗo wolwataa.

[83] Voir aussi n°239.

Quand il y a du soleil, le beurre se liquéfie. Un enfant n'est pas capable de supporter une situation pénible. Un enfant ne peut pas se comporter comme un adulte, parce qu'il ne peut pas supporter les choses comme un adulte. Un adulte ne parle pas (ne se plaint pas) quand il est dans la peine.

Conseil donné à tous ceux qui doivent faire face à une épreuve : comportez-vous comme des adultes responsables. [84]

101. ***Mawðo no jibjoore***

Un ancien est une décharge (où on jette les immondices).

Ko alla waði fu, dow hoore mawðo ðum hootata. Bone fu to makko yahrete. Toute chose revient à l'ancien. On porte devant lui tout malheur (pour qu'il lui trouve une solution).

L'ancien a dans la communauté un rôle unique. Il doit accepter les responsabilités et les rôles les plus ingrats. C'est un fait un proverbe que les jeunes adressent aux plus anciens, pour leur rappeler tout ce qu'ils attendent d'eux, pour trouver une solution à leurs soucis.[85]

102. Mawðo mo yaaraay ŷoogol, yaarataa ciibelol

C'est le vieux qui n'a (plus) puisé sa propre eau qui boit les gouttelettes de sa propre sueur.

Mawðo ŷogataa ndiyam, amma kul o so'aanake ŷoogol o heppataa tampiri. To neððo so'aanake huunde faa dow ðum wutake mo, o waðey ga yargo bone majjum.

Un vieux ne va pas puiser l'eau (au puits). Mais si par hasard il doit aller puiser l'eau, il sera vite fatigué. Quand on recommence à faire une chose du passé (à laquelle on n'est plus habitué) on expérimente à nouveau toutes les peines qui y sont rattachées.

Il faut accepter les conséquences de ses propres décisions, même les moins agréables.

[84] De nombreux proverbes traitent des enfants d'une manière négative, à cause de leur comportements imprévisibles et reprochables.

[85] Voir aussi le proverbe haousa : G. Merrick, op. cit. 1905, n°42.

1.3 Les difficultés du vivre ensemble

103. Ɓi ganyoo no wanyey

Le fils de celui qui haït haïra.

Gam neɗɗo ronata e baaba mum.

Parce qu'on hérite toujours de son propre père.

Tel père, tel fils. On hérite les faiblesses et les mauvaises attitudes de notre père.

104. Ngaari no wa''i non ndi rimrata

Un taureau engendre comme il est.

Non no baaba woni non ɓium woni. Kul mbirdi mboondi o woodi, ɓium non. Kul mbiirdi ndi wooɗaa, ɓium non.

Si le père est bon, son fils aussi sera bon. Si ses manières sont bonnes, celles de son fils aussi le seront. Si ses manières sont mauvaises, celles de son fils aussi seront mauvaises.

Comme le proverbe précédent. Proche du proverbe français : « Bon sang ne saurait mentir ». Ce proverbe reflet aussi des pratiques d'élevage. Un taureau est jugé en fonction de critères strictes et précis. Un de ces critères est le lait : il y a des taureaux « à lait » *(ga'i ɗi kosam)*, disent les Woɗaaɓe, et des taureaux « sans lait », c'est-à-dire, des taureaux reproducteurs qui engendrent des génisses qui seront mauvaises laitières et des taureaux qui engendrent des génisses qui seront des bonnes laitières. A la différence de la génétique occidentale, c'est ainsi au père que la génétique traditionnelle rattache la qualité laitière, non à la mère.

105. Nagge hallunge no riimey hallunge

Une vache méchante mettra au monde une génisse méchante.

Comme les proverbes précédents. Telle mère, telle fille.

106. Bii nge raande e hoore

Celle (la génisse) de celle (la vache) qui a une corde autour de la tête.

Nagge hallunge no rime wiige hallunge.

Une vache méchante (au caractère difficile) mettra au monde une génisse méchante.

Comme les proverbes précédents.

107. Ɓokki rimata nyaanyataare

C'est le baobab qui a mis au monde une mauvaise herbe.

Geeto rimi wuundeejo.

Un homme laborieux a mis au monde un paresseux.

Proverbe évoqué au sujet d'un jeune – évoqué par le pâturage de *nyaanyataare* (Peristrophe bicalcyculata) peu apprécié par les animaux - qui ne semble pas avoir les mêmes bonnes attitudes et comportements de son propre père (dont l'image est l'imposant baobab). C'est aussi une métaphore pour caractériser certaines situations malencontreuses inattendues, auxquelles on doit faire face dans la vie.

108. Ɗatal wofi luumo

La grande route a contourné le marché.

Baaba no geeto, ɓiiko bo no jamniiðo. Baaba no moÿÿuðo, ɓiiko no kalluðo, baaba no toginðo, ɓiiki no sunndinðo. Ɓiððo wa'aay non no baaba mum wa'ii, ronaay e muuðum.

Le père est une personne de valeur, mais le fils est méprisable. Le père a un bon caractère, mais le fils a un mauvais caractère. Le père est charmant, mais le fils est déplaisant. Le fils n'est pas comme le père, il n'a pas hérité de lui.

On pensait que la grande route aller passer par le marché, mais cela n'a pas été le cas. On pensait qu'un jeune allait hériter l'honnêteté de son père, mais cela n'a pas été le cas. Cela se dit aussi au sujet d'une femme (mariée selon le mariage *te'egal)*, dont le comportement et la manière de faire ont finalement déçu son époux et/ou la famille de son époux.

109. Ɓalee ranitataa

Une vache noire ne blanchit pas.

Jikku ðum ngonðaa fu, ðum waylataako.

Tu ne pourras pas changer ton propre caractère.

Chacun de nous a son propre caractère, ses propres qualités et ses propres défauts. Il y a des choses qu'on ne peut pas changer.

110. Jikku no diiðol hayre

Le caractère est la rayure d'une pierre.

Diiðol hayre sottataa, gam walaa ko majinta ngol. Jikku tagu ba diiðol wa'i. Jikku majjataa, say nyannde maayde.

La rayure d'une pierre ne s'efface pas. Le caractère d'une personne est comme la rayure d'une pierre. Il ne disparaît pas, si ce n'est le jour de la mort.

Comme le proverbe précédent.

111. Ta' ɏam jikku, ɏam njamu.

Ne demande pas des nouvelles du caractère, demande les nouvelles de la santé.

Gam jikku tagu waylitataa.

Le caractère d'une personne ne change pas.

Comme les proverbe précédents.

112. Hijjorake to ki yiði yarrugo

(L'arbre) est penché là où il est destine à tomber.

Ton to tagu yiðno yahgo, ton o yilloyete.

On cherche quelqu'un là où il avait l'intention d'aller.

Il y a toujours des signes extérieurs qui nous permettent de connaître en avance les intentions, les pensées et les agissements d'une personne.

113. Ka leeliika, amma doombru wasii ka.

(Le trou) n'est pas droit, mais c'est la rat qui l'a creusé. [86]

Ka ngaska, to mi yi'i ka, mi anndii doombru wasi ka, boo mi yi'aay ndu. A gananake am ngoðka : boo ilaa a yotooyaaki ka, mi anntitii ka.

Dès que j'ai vu ce trou, j'ai su qu c'était un trou creusé par un rat, et pourtant je n'avais pas vu le rat. Tu m'a parlé d'une manière allusive : mais avant même que tu arrêtes de parler, j'ai compris ton propos.

En vivant ensemble, on finit par bien se connaître, Autre signification : on peut toujours connaître les signes précurseurs d'un événement, il faut donc être prévoyant.

[86] Le pronom *ka* se réfère à *ngaska*, trou.

114. « War ngonɗen ! » woni « war mbonɗen ! »

"Viens et vivons ensemble" signifie "viens et gâtons-nous ensemble".

Koɗɗal jeyi kuudal. Gondal fu no caɗɗum. To a towti neɗɗo, oɗon nana belɗum hakkunde mon. Ko yawtoto seɗɗa, on mbondi. To yeyiri'en kaɓaay, say ɓikkon kaɓa. To ɓikkon kaɓaay, say ngaari am natti nder ga'i ma, bo a yiɗaa ɗum, gaɗa a fi'ey ndi, gaɗa mi naney mone ma. Gondal no ngal wa''i fu heppataa haɓre

Le fait de se mépriser est lié au fait de co-habiter. Toute forme de coexistence est difficile. Si tu as rejoint le campement de quelqu'un (pour nomadiser ensemble), au début vous êtes heureux ensemble. Par la suite, cependant, les choses deviennent difficiles entre vous. Si les femmes ne se sont pas disputées, ce sont les enfants qui se disputent. Si les enfants ne se disputent pas, mon taureau ira chez tes taureaux contre ta volonté, et alors tu le frapperas et cela ne me fera pas plaisir. Tout type de coexistence ne pourra pas éviter ce genre de disputes.

Observation réaliste sur les difficultés de toute forme de vie communautaire (voir aussi n°171). Le proverbe utilise efficacement une rime.

115. Ganyo'o gonɗaaɗo

Ennemi avec qui l'on vit ensemble.

Neɗɗo no huley ganyo'o gondaaɗo, gam emo anndi ma, emo anndi ko njiɗɗa, emo anndi ko nganyuɗa.

On craint l'ennemi avec lequel on vit ensemble, parce qu'il te connaît, il connaît ce que tu aimes et il connaît ce que tu détestes.

Rien de pire qu'un faux ami.

116. Ganyo'o biirtiiɗo e ɓuri mo wiirtaaki

Un ennemi qui s'est manifesté est préférable à l'ami qui ne s'est pas manifesté.

Tagu mo yiɗaa ma, to o yotti, o waɗante filla ka wooɗaa : ahan, a walaa ko faali ma, gam a woyiti e makko. Amma mo wiirtaaki, to o yotti, a anndaa ko o miili, yalla o miili yiɗde, yalla o miili yande.

Quand il vient chez toi, celui qui ne t'aime pas t'adressera des propos désagréables. Mais toi tu t'en fiches, parce que tu n'attends rien d'autre de lui. Mais quand celui qui ne s'est pas manifesté vient chez toi, tu ne sais pas ce qu'il envisage de faire, soit un acte d'amitié soit un acte d'inimitié.

Il faut préférer un ennemi à un ami douteux. Proche de la signification du proverbe français : « Dieu me garde de mes amis, je me charge de mes ennemis ». Ce proverbe rappelle une expression courante – une sorte de souhait – : « Que Dieu nous donne de ne pas croiser nos chemins avec nos méchants, à la fois ceux qui sont déguisés et ceux qui sont dévoilés » (*Alla hokku 'en luhural kalluɗo men fu, birniiɗdo e birtiiɗo fu).*

117. Goɗa kuɗa yam e nganya yam

Ta réprimande est préférable à ta haine.

Feloore no naawɗum, amma yahraay naawɗum nganyaandi.

Une reproche blesse, mais elle n'est pas comparable à la souffrance de la haine.

Il y a des dégrées même dans le mal et dans la souffrance que les autres nous infligent. Le proverbe dit aussi qu'il faut accepter les reproches qui nous viennent de ceux qui nous aiment.

118. Goɗa « eɓe ngara » e « eɓe ngarta »

Il est préférable (de dire) « ils viennent » plus que « ils reviennent ».

Goɗa ko waɗoyi arannde e ko siroyi waɗgo. Haɓre no nde halliri fu hulataake. Ko hulete woni ko sakitorto gaɗa mayre. Goɗa ko Alla fuɗɗi e ko halleende duuniyaaru waɗata

Le passé est préférable à l'avenir. On ne craint pas beaucoup une dispute (du passé), même si elle a été grave, par contre, on a peur de ses séquelles. On préfère ce que Dieu a commencé à ce que la méchanceté des gens peut faire.

119. Jottiiɗo e ɓuri cuudiiɗo

Celui qui est arrivé (qui s'est manifesté) vaut plus que celui qui s'est caché. Même si tu ne l'apprécies pas beaucoup, celui qui est venu demander ton hospitalité vaut plus que celui qui, tout en se disant ton ami, n'est pas venu chez toi. [87] Proverbe évoqué au sujet des relations difficiles qu'on entretient avec certains soi-disant amis.

---

[87] Pour comprendre ce proverbe, il fait se rappeler que dans la coutume des Woɗaaɓe, c'est de l'ouest qu'on s'approche d'un campement – en signe d'amitié et de loyauté. Celui qui s'approche de l'est ou, encore pire, celui qui y reste caché, est réputé avoir des intentions mauvaises.

120. Daarorgal e ɓuri ɓi-njiiɗo ma

Un miroir vaut plus que ton frère.

Daarorgal fewataa, no hokkete goonga. To a raartake goɗɗum e hunnduko ma, a ittey ɗum.

Un miroir ne ment pas, il te donne la vérité. Si tu as quelque chose près de ta bouche, tu pourras l'enlever.

Dans la vie, il est toujours préférable de se tirer d'affaire tout seul, sans attendre l'aide ou le conseil des autres.

121. Nyaamooru ma yi'aataa foyre ma

(Le lion) qui veut te manger ne voit pas ta maigreur.

Njiɗɗo heɓgo ɗum ma yi'aataa a talka.

Celui qui veut obtenir ton bien ne voit pas que tu es pauvre.

Au sujet de l'égoisme des gens, de ceux qui ne pensent qu'à leur propre bonheur et qui ne savent pas voir la détresse de autres. [88]

122. « Sawra » no hannde e jahango

« Excuse-moi » c'est aujourd'hui et demain.

Mi sawrini ma hannde e jahango, amma gaɗa ɗo mi hoornaay sawraago

Je t'ai excusé aujourd'hui et demain. Mais par la suite je ne peux plus t'excuser.

Il y a une limite au pardon ou à la patience que les autres nous demandent. Proverbe adressé à ceux qui abusent de la bienveillance des autres.

123. Njiɗɗo hikka, ganyo'o mawri

Ami cette année, ennemi l'année prochaine.

Les amitiés souvent ne durent pas. Constatation amère de comment les gens peuvent changer facilement leurs sentiments.[89]

124. Waaw am, ta' meem am

Porte-moi sur ton dos, (mais) ne me touche pas.

---

[88] A noter que le fulfulde manque d'un véritable terme pour désigner le lion. Dans une mentalité magique, on ne prononce pas le nom de ce qui est rédoutable. On préfère utiliser des expressions allusives, comme « celui qui mange » (*nyaamooru*) ou « celui de la brousse » (*laddeeru*) ou « la bête aux grosses mâchoires » (voir n°340).

[89] Voir aussi H. Gaden (1931) n°756.

Aɗa yiɗi gollal goɗɗo, amma a huley jikku mum, a yiɗaa gondal mum. Mi yiɗaa ma, mi yiɗaa gollal ma. Boo ɗum warti doole.

Tu veux le travail de quelqu'un, mais tu crains son caractère et tu ne désires pas sa compagnie. Je ne t'aime pas, je n'aime pas ton travail. Mais cela est devenu comme une obligation.

Difficultés de certaines relations humaines, où les gens sont à la fois attirés et révulsés par les autres.

125. Jahdiddaawo kalluɗo, jahanngal feere e ɓuri ɗum

Il est préférable de voyager seul qu'avec un compagnon de route malveillant.

Jahdiddaaku makko kul nafaay ma, goɗa njahaa feere ma. Kaɗima huunde kul nafaay ma, goɗa kibbinaa ɗum fu.

Si sa compagnie n'est d'aucune utilité pour toi, il est préférable qui tu voyages seul. Si une chose n'est pas utile, c'est mieux s'en séparer.

Voir le proverbe français : « Mieux vaut être seul que mal accompagné ». Au sujet de l'inutilité de certaines amitiés.

126. Koɗo kalluɗo, joonde feere e ɓuri ɗum

Mieux rester seul que recevoir la visite d'un méchant étranger.

Variante du proverbe précédent.

127. Nyiije e ɗemngal kaɓi

Les dents et la langue se sont disputés.

To banndiraaɓe kaɓi, ɓe mbaɗi haɓre hakkunde nyiije e ɗemngal: nde' haɓre wooɗaa

Une dispute entre parents est comme la dispute entre dents et langue: cette dispute est désagréable.

Constatation amère: rien de pire que des tensions et disputes au sein d'une famille.

128. Bumɗo e kurumaajo njeewtidataa

Un aveugle et un sourd-muet ne discutent pas ensemble.

Bumɗo yi'ataa ko kurumaajo aagi, kaɗima kurumaajo nanataa ko bumɗo wi'ata.

L'aveugle ne voit pas ce qu'un sourd-muet exprime avec ses mains et le sourd-muet ne comprend pas ce que l'aveugle dit.

A cause de leurs différences, certaines personnes n'arriveront jamais à vivre ou travailler ensemble.

129. Ko naati no wurtoto

Ce qui est entré sortira.

Ko njarðaa fu, kanjum wurtoto, wanaa goððum.

C'est ce qui tu as mangé qui sort de ton corps, pas autre chose.

Chaque chose est toujours la conséquence de quelque chose d'autre. Certaines décisions ont des conséquences inévitables.

130. Ɓi bayillo, koo nyohanaaka lowjeeru, o anndi to ndu huuci

Le fils du forgeron, même si on ne lui a pas auparavant montré une faucille, sait très bien où elle est orientée (pour couper).

*Koowa anndi ðum mum. Kul goððo gananake habarum goððum, kul faro ma huuci, a anndite*y ðum.*

Chacun connaît ce lui est propre. Si quelqu'un a parlé par de simples allusions de quelque chose qui te concerne, tu le reconnaîtra immédiatement.

On reconnaît facilement les conséquences des attitudes de certaines personnes.

131. Koðo senyalde lukkitorto nde gaða jungo

L'hôte du porc-épic a mis (le porc-épic) derrière son bras.

*A anndaa senyaalde e naawa, daga a lukkiti nde gaða ɓaawo, daga nde yuwi ma, faa a anndi*ti no nde worri. Aða tokkindira a tagu goððo mo fewre, mo nguyka, boo a anndanaa ðum. O'o ko yiði, o hewta ðum ma. Amma nde go'o a annditey mo, gam a yi'ey fewre makko na a yi'ey nguyka makko.*

Tu ne sais pas que le porc-épic peut blesser, et alors tu le mets derrière ton dos. Et évidemment, dès qu'il te pique, tu réalises sa nature. Tu es toujours en compagnie d'un menteur ou d'un voleur, mais tu n'as pas encore réalisé son caractère. Lui, il n'a qu'un désir, celui de saisir ce qui t'appartient. Mais un jour tu le reconnaîtras, parce que tu te rendras compte qu'il est un menteur et un voleur.

Proverbe qui conseille de se méfier toujours des étrangers.

132. « Mi-anndaa » no yaaɓey hoore mboodi

"Je ne sais pas" mettra son pied sur la tête du serpent.

Kul a anndaa jikku tagu, no a waði no fu, a woofey: to a ruugi, a yaaɓey mo.

Quand tu ne connais pas le temperament de quelqu'un, n'importe quoi tu fasses, tu feras une gaffe: et si tu marches, tu le piétineras.

Il ne faut pas toujours chercher des excuses (« je ne savais pas ») devant les effets négatifs de nos agissements.

133. Defðo bone kam jippinta feere mum

Celui qui a cuisiné le mal doit aussi enlever (la marmite) du feu.

Kanko defi, kanko jippinta, walaa mballeyðo mo. Kanko tan jeyi bone mum.

Celui qui a préparé la mauvaise nourriture doit aussi descendre la marmite du feu, il ne trouvera pas d'aide. Il est responsable de son propre malheur.

Chacun doit payer les conséquences de ses propres agissements. Il ne faut pas attendre l'aide des autres pour sortir de situations dans lesquelles nous-mêmes nous nous sommes mis.

134. *Ɓurðum huunde fuu say hakkillo*

L'intelligence vaut plus que toute autre chose.

Le proverbe évoque ici l'intelligence pratique, contraire à toute forme de maladresse.

135. Kaawu mo hokkaay ma ƴaabi mbelki e ɓuri ðum

Un délicieux jujubier vaut plus qu'un oncle maternel qui ne t'a rien donné.

Kaawu fu e hokka baadiraawo. Kaawu ma, kul o hokaay ma nagge, nafaay ma. Ko o hokku ma fu, kul o hokkaay ma nagge, e meere. Kaawu o hokkaay baadiraawo e yawe.

Tout oncle maternel doit être généreux avec son neveu. Ainsi, un oncle maternel qui ne t'a pas donné une vache est inutile. S'il ne t'a pas donné une vache, tout ce qu'il peut te donner ne vaut rien. Un oncle maternel qui n'a rien donné à son neveu est méprisable.

Au-delà de l'évocation de la relation privilégiée entre oncle maternel (*kaawu*) et neveu,[90] ce proverbe est une remarque sarcastique sur l'inutilité et la stérilité de certains liens de parenté ou de certaines amitiés.

136. Gite ganyo'o ma cuuðaaki

Les yeux de ton ennemi ne sont pas cachés.

Gite tagu no kollete ɓernde mum. Kul ɓernde mum laaɓi e ma, a yi'ey ðum nder gite; kul ɓernde mum ɓalwi, a yi'ey dum faa jo'oni.

Ce sont les yeux qui te montreront le cœur d'une personne. Si son cœur est clair envers toi (s'il est bien disposé vis-à-vis de toi), tu le verras dans ses yeux. Si, au contraire, son cœur est noir (mal disposé), tu le verras aussi (dans ses yeux).

On reconnaît assez vite ceux qui ne nous aiment pas. Les yeux sont le miroir du cœur.

137. Yitere walaa dooka

L'œil ne connaît pas d'obligation.

Neððo waawaa haðgo yitere mum raargo, gam yitere no raarey tan. Neððo yiði yiðaa, yitere no raarey ko yiði.

On ne peut pas empêcher l'œil de regarder (ici ou là), puisque c'est propre à l'œil de regarder simplement. Qu'on le veuille ou pas, l'œil regarde ce qu'il veut.

On n'est pas toujours responsable de ses propres actes. Il y a des aspects de notre existence qu'on ne peut pas maîtriser.

138. Nyiiri walaa, daga bakke

Plus de bouillie, il n' y a que les crouttes.

To neððo rotti nyiiri, itti bakke, koomi hooraaki. To tagu hokki ma hannde e jahanngo, to o hokki ma ko jogino fu, nden koomi hoornaay

Quand on a enlevé toute la bouillie (de la marmite) et on a détaché même les crouttes (collées à la marmite), il n'y a plus rien. Si quelqu'un t'a donné aujourd'hui et demain (chaque jour) et s' il t'a donné tout ce qu'il avait, par la suite il ne pourra plus rien faire.

---

[90] Les liens avec l'oncle maternel sont encore plus forts, d'une certaine manière, que ceux avec son propre père (*baaba*) et certainement avec l'oncle paternel (*bappaanyo).* Cette relation affective a une raison profondement économique, puisqu'on n'hérite pas les biens d'un oncle maternel.

Pour rappeler à quelqu'un que désormais il ne doit plus rien attendre de celui qui lui a montré trop de générosité et de patience dans le passé.

139. Bilki nyaama ƴibbe, ɗe paɗɗa mawɗo

L'enfant mange les figues sauvages, et les figues font évanouir l'adulte.

Bilki hooƴi miimaanda, waddi, yowi dow mawɗo.

L'enfant a récolté un commérage, l'a apporté (à la maison) et l'a mis sur les épaules d'un adulte.

Les adultes paient les conséquences des agissements des enfants.[91]

140. Nyebbere wo'ore bonnata gappal

Un seul haricot abîme la bouillie.[92]

To go'oto woofi laawol, layfi makko hooti dow duuniya makko fu. Layfi go'oto hooti dow ɗuuɗal.

Si quelqu'un a commis une faute, sa faute retombe sur tout le monde. La faute d'un seul retombe sur la multitude.

Tous les membres d'un même *lenyol* (groupe lignager de base) sont liés par une solidarité très forte, dans le bien comme dans le mal. Ce proverbe est utilisé surtout pour rappeler aux individus de ne pas briser un interdit collectif, autrement les conséquences seront payées par tous les membres du groupe.

141. Gonɗal no daaɓoral

La co-existence est une maladie contagieuse.

Kul aɗa wondi e tagu mo jikku wooɗaa, jikku booɗɗum ma no boney.

Si tu vis avec quelqu'un qui a un mauvais caractère, ton bon caractère risque de se gâter.

Attention aux mauvaises compagnies.[93]

142. Tokkuɗo ka yeyiriijo no yeyiriijo

Celui qui suit la parole d'une femme est une femme.[94]

---

[91] Il s'agit ici de petits fruits qui ressemblent à des figues sauvages, qui fermentent rapidement à cause de la chaleur.

[92] Le *gappal* est une bouillie préparée avec lait, farine de mil, sel et eau.

[93] Voir H. Tourneux- D. Yaya (1998) p. 109.

[94] Le pronom *ka* se réfère à *haala*, parole, propos.

Le proverbe est certainement le réflet d'une mentalité misogyne. Mais, d'une manière générale, il a le même sens que le proverbe précédent : en fréquentant certaines personnes, on finit par leur ressembler.

143. Jal jalaaɗo

Moque-toi de celui qui est moqué.

Jal jalaaɗo ilaa o jalaay ma. To a wumi, mi jali boo mi dokko. Goɗa mi jal ma e aɗa arta jala yam.

Moque-toi de celui qui est déjà l'objet de moquerie, avant qu'il ne se moque de toi. Si tu es aveugle, je me moque de toi et pourtant je suis borgne. C'est préférable que je me moque de toi avant que tu te te moques de moi.

Prendre les devants, agir rapidement. Proverbe cru qui met en garde contre des situations inconfortables.

144. Ndiyam e mbeɗu

Eau dans une vannerie.

Miɗo raara mo ba ndiyam e mbeɗu.

Je le regarde comme eau dans une vannerie (je me fiche complètement de lui).

Image de l'eau qu'un panier en vannerie ne peut pas retenir. Métaphore du peu d'intérêt qu'on peut avoir pour certaines personnes (surtout dans le cadre de rapports entre hommes et femmes).

145. Garɗo jemma anndaa ko yaaɓata

Celui qui vient la nuit ne sait pas où il met les pieds.

Neɗɗo to o neeɓi e jahanngal, warti wuro mum, anndaa towa jam na siya jam, anndaa towa soylaare yalla noy. Kaɗima, to a ɓaɗake goɗɗo, bo a annda jikku makko, nder nyiɓre jemma ngonɗa : a anndaa toy iwata, a anndaa o kalluɗo na o hallaa.

Quand quelqu'un est resté longtemps absent, au moment où il revient chez lui, il ne sait pas ce qu'il va trouver : bonne santé ou mauvaise santé, bêtes égarées ou autre chose. De même, quand tu t'approches de quelqu'un dont tu ne connais pas le caractère, tu es comme dans l'obscurité de la nuit : tu ne sais pas de quel côté l'approcher, tu ne sais pas s'il est méchant ou s'il ne l'est pas.

Conseil d'utiliser une grande prudence dans toutes les relations humaines, surtout avec les étrangers.

146. Tookaaru wi'i : « Kole bone, kolte bone ! »

La hyène a dit : « Etre déshabillée est un malheur, être habillée est un malheur ! »

Ko mbaððа fu, a hisataa kuðki, say neððo tokka goonga mum.

Tu ne pourras jamais éviter les critiques des autres, quoique tu fasses. C'est donc mieux suivre toujours sa propre vérité (ce qui nous pensons être approprié).

C'est un proverbe issu d'un conte : habillée ou pas, la hyène n'arrivait pas à éviter les critiques des autres. On l'a critiquée quand elle était nue. On l'a critiquée quand elle s'est couverte d'une peau, qui, en séchant, a rétréci. Les autres auront toujours quelque chose à dire au sujet de ce que tu fais ou que tu ne fais pas. Conclusion : il faut savoir se comporter selon son propre jugement et ne pas trop se soucier du jugement des autres.

147. Wela-ðemngel no halkey wela-teppel

Celui à la langue (parole) facile perdra celui au talon facile.

To wela teppel towti wela-ðemngel no halkey fu. Belðum ðum ðemngal hokkaa dow fewre, no halkey tagu. Ta' tokku ðemngal duuniyaaru: kul a tokki ðum, a halkey.

Gros problèmes quand celui-au-talon-facile rencontre celui-à-la-parole-facile. Conseil : ne suis pas « la langue » (le commerage) des gens, si tu le fais, tu seras perdu.

Il faut se méfier du bon parleur, de celui qui embobine facilement les gens avec ses beaux discours.

148. Goða wohooru e kontiindu

Un chien qui aboie est préférable à un chien qui feint de dormir.

Kontiindu fu, a anndaa ko ɓernde mum miilata : yalla emo miilo halleeende yalaa yehere.

Tu ne sais pas ce qu'il y a dans le cœur de quelqu'un qui feint de dormir : il peut nourrir des pensées hostiles ou des pensées favorables.

Voir le proverbe français : « Chien qui aboie ne mord pas ».

149. Ta' hul wohooru, hul nyobbundu daande

Ne crains pas (le chien) qui aboie, crains plutôt celui qui replie son cou.

O'o mo olkidataa, ta hul ɗum. Amma hul mo o wolwantaa ma, mo o jaldataa e ma.

N'aie pas peur de celui avec qui tu discutes. Crains plutôt celui qui ne te parle pas, celui qui ne rit pas avec toi.

Variante du proverbe précédent.

150. Reenooru yiɗaa reentooru

Un chien qui est déjà à l'affut (de quelque chose) n'aime pas un autre chien qui est aussi en train de guetter (la même chose).

Neɗɗo yiɗaa goɗɗo ɓaɗo ko o reemtata. Miɗo jooɗi miɗo kammo aɗa hokka yam goɗɗum : mi yiɗaa goɗɗo wara raara ko mi heɓaay.

On ne veut pas que les autres s'approchent à ce qu'on recherche. Je suis là, dans l'espoir que tu me donnes quelque chose, mais je ne veux pas que quelqu'un d'autre vienne rechercher ce que je n'ai pas encore pu obtenir.

On ne veut pas que d'autres se mêlent de nos affaires et prennent notre bien.

Contexte : une épouse ne voit pas de bon œil l'arrivée d'une co-épouse.

151. Ta' kesal yaaptu kihingal

Qu'on ne foule pas à nouveau des anciennes traces.

Mbaɗanɗo ma goɗɗum ko wooɗaa. O torrake ma goɗɗum, boo jikku makko welaay ma. Gam to o heɓi ɗum ma, o waɗani ma yannde. Nden a wi'ey mo : « Ta kesal yaaptu kihingal », ta' yaltu wartugo ɗo les am.

Quelqu'un t'a fait un tort. Il t'a supplié (de lui donner) quelque chose, mais tu n'as pas aimé sa manière de faire. Parce qu'une fois obtenu (ce qu'il voulait), il t'a traité avec mépris. Alors tu lui diras : « Qu' on ne foule pas à nouveau des anciennes traces » : ne reviens jamais plus auprès de moi !

Au sujet de la nécessité de couper toute relation avec des personnages ambigus, avant qu'il ne soit pas trop tard.

152. Hankali no tekekkol

L'esprit est comme l'intestin.

To neɗɗo yari njaram goɗɗam, tifre wonnde tekekkol no sortey, no woyey. Hankali nde go'o no soptorto neɗɗo, daga neɗɗo no wi'ey ngoɗka ka wooɗaa, boo o miildaay non.

Parfois, quand on mange une certaine nourriture, l'intestin se lève et commence à se plaindre (faire du bruit). Parfois, l'esprit nous échappe et alors nous disons des paroles qui ne sont pas bonnes, sans avoir effectivement pensé (de les dire).

Ce proverbe est évoqué pour demander pardon et s'excuser auprès de quelqu'un à cause d'un acte, d'une parole ou d'un comportement peu amical, mais involontaire, de notre part.

153. Ko hankali suudi, kanjum hankali suttata

Ce que la ruse cache c'est ce que la ruse révèle.

Ahan, e hankali ma, a suudi yam goɗɗum. Amma min ma, miɗo woodi hankali, daga mi annditey. Waayo ɗum mbaɗɗa cuɗɗa, min ma miɗo woodi.

Toi, avec ta ruse, tu as voulu me cacher quelque chose. Mais, moi aussi je suis rusé, et je vais découvrir tes intentions. Je suis aussi astucieux que toi.

Répondre du tic au tac. Ne pas se laisser faire.

154. Ndiyam lammataa e meere

L'eau ne devient pas aigre sans aucune raison.

Kosam no lammey, amma ndiyam lammataa. Kul a yi'i ɗam lammi say goɗɗum.

C'est le lait qui devient aigre, pas l'eau. Si tu vois qu'elle devient aigre, il y a bien une raison.

Le changement d'attitude de certaines personnes vis-à-vis de nous a toujours une cause. Avant de les blâmer, il faut toujours se demander quelle est la cause.[95]

155. Siya kosam jeyi anoogo

Le manque de lait cause l'anémie.

Proche du proverbe précédent. Il y a toujours des causes sousjacentes, plus ou moins évidentes, qui expliquent le comportement de certaines personnes.

156. Mbaɗɗiiɗo ma, ta' hul samnugo ɗum

Ne crains pas de faire galoper celui qui est monté à cheval sur toi.

Mo hulaay ma, ta' hul waɗango goɗɗum ko o yiɗaa, gam kanko arti hersaay ma.

---

[95] Voir aussi le proverbe haousa : G. Merrick, op. cit. 1905, n°5.

A celui qui ne t'a pas respecté, ne crains pas de lui faire ce qu'il déteste, parce que c'est lui qui a commencé à te manquer de respect.

C'est la loi du talion : rendre du mal à ceux qui t'ont rendu du mal.

157. Kul na ɓiɓɓe e taaniraaɓe

Si ce n'est pas avec les enfants (cela sera) avec les petit-enfants.

O'o mo nanðaa mone mum, kul hannde a waðanaay mo ko wooðaa, say jahanngo. Si ce n'est pas aujourd'hui, c'est demain que tu pourras te venger de celui qui t'a fait un affront.

La loi de la vengeance, en général, et dans le contexte du mariage *te'egal*, en particulier (on finira par venger celui dont la femme a été enlevée). On n'oublie jamais les torts subis.

158. Resii-tora mo

S'abstenir de le solliciter.

Mi naawnu ma naawka kalluka : amma ahan, a salake wi'igo yam ngoðka. Huunde faa neeɓi. Dagan nde go'o a wi'ey am : « Waane, noon naawruðaa yam ? Hannde boo mi naawtake ma, mi wa'atake ma kalluka. Ko nanmi, nana ðum ».

Je t'avais autrefois blessé avec une parole blessante: mais toi, tu avais réfusé de me répondre. Et les choses sont restées ainsi pendant longtemps. Et puis un jour, tu viens me dire : « Eh, toi, c'est bien toi qui m'avais blessé ? Aujourd'hui je vais te blesser à mon tour, je vais me venger avec une parole blessante. Que tu puisses éprouver maintenant ce que moi-même j'ai éprouvé autrefois».

Encore sur la loi de la vengeance. Comme le proverbe précedent, évoqué souvent dans le cas d'un mariage-vol (*te'egal*).

159. Miðo waawi uwki mo dooroore

Je suis capable d'enterrer le bossu.

O'o mo dooroore, to ðum wasi, say ðum iri gaða, dey-dey e dooroore mum. Tagu woofi am, daga mi wa'atoto mo. O waðani am bone, daga mi wa'atorto bone. Nden duuniyaaru mbi'ata: mi waðani mo 'uwki mo dooroore'.

Quand on creuse le tombeau du bossu, il faut bien faire attention à enlever la terre derrière lui pour tenir compte de sa bosse. Si quelqu'un m'a manqué de respect, moi aussi je lui manquerai de respect. Je lui infligerai la même peine. Alors les gens pourront dire que je lui ai fait « l'enterrement du bossu ».

On rappelle, par le biais d'une image comique, la vengeance qu'il faut bien préparer en avance, pour frapper le moment opportun.

160. Kikketeeðo no kurdito

C'est celui qui est cerné de tous les côtés qui essaye de s'enfuir.

Tagu yiðaa waðaneego doole. To a ỹaami goððo fi, bo a waðani mo doole, o'o no kurditoto wolliinde.

Personne n'aime qu'on lui fasse pression. Si tu demandes quelque chose à quelqu'un d'une manière pressante, il finira par te répondre de manière évasive.

Les gens veulent garder leur propre liberté de donner ou de refuser. Il n'est jamais bien de faire pression sur les autres. C'est un conseil sur la manière appropriée d'approcher les gens.

161. Mburtinki tookaaru e mbe'a.

La sortie (du trou) de la hyène avec (l'aide de) la chèvre.

Neððo e ỹama seðða faa o hewta ðuuððum.

Quelqu'un demande peu pour obtenir beaucoup.

C'est un proverbe qui rappelle le conte de la hyène qui, ingrate, dévore la chèvre qui pourtant l'avait aidée à sortir d'un trou.

162. Koðo ɓolo

L'hôte désagréable.

Mbaðanðo ma zamba wartani ma 'koðo ɓolo'. Gam o takkake ma, amma ðum maaða o raaroyi.

Celui qui a agi de manière hypocrite vis-à-vis de toi est devenu pour toi 'un hôte désagréable'. Il s'est collé à toi, mais en fait c'est ton bien qu'il recherche.

Pas d'amitié au sein d'une relation ambiguë.

163. Nyo'otel mbooðngel : goða nde yewaay

Une petite jolie réparation : mais il aurait été préférable que (la calebasse) ne soit pas cassée.[96]

To koobgal boni, no ngal wo''ina fu, ngal wooðataa. Goða ngal waðaaka fu ilaa arannde.

---

[96] Le pronom *nde* se réfère à *tummude*, calébasse.

Une fois abîmé, malgré tous les efforts pour le réparer, un mariage ne sera plus bon. Il aurait été préférable de ne jamais l'avoir contracté.

Une calebasse (*tummude*) bien réparée ne vaut pas une calebasse qui ne s'est pas cassée. Au sujet de situations insolubles, quand c'est trop tard pour trouver une solution à un problème. Il aurait fallu réflechir avant.

164. To ki weli ƴaabi, to ki welaa ngulum-ƴaabi

Si (les fruits) ont un bon gout, il s'agit d'un jujubier (*Ziziphus mauritiana*), si (les fruits) n'ont pas un bon goût, il s'agit d'un faux jujubier (*Ziziphus mucronata).*

Neɗɗo waɗa no o yirri fu. Goɗɗo, a holli ɗum ko nafata mo, bo o saloto waɗi ko nafataa mo.

Que chacun fasse ce qu'il veut. Tu as montré à quelqu'un quelque chose d'utile, mais il a refusé ton avis et a entrepris une activité qui ne lui sera pas profitable.

On doit être prêt à subir les conséquences de nos agissements.

165. Anndeere halfini meena

Le sanglier s'est confié (a ouvert son cœur) à l'antilope.

Meena nandaa e anndeere, booɗɗum nanndaa e ɓolum.

Une antilope ne ressemble pas à un sanglier, la beauté ne ressemble pas à la laideur.

C'est le proverbe évoqué par un homme qui courtise une femme très belle, dont il est épris, sans cependant avoir l'espoir d'attirer son intérêt.

166. Yeeƴaande hattaa daande so'aago

Le fait de tourner le cou pour regarder en arrière n'empêchera pas de le retourner à nouveau.

Gam a yeeƴakke daande ma fu, ɗum hattaa so''oyooɗa ton to kuucoynooɗa fu. Yaaƴaande wattaa kooɗume gam wanaa no yiɗɗe ɓernde

Même si tu tournes ton cou, tu pourras toujours le retourner par la suite. Tourner le cou ne signifie rien du tout, cela ne signifie pas l'amour.

Le contexte : un garçon veut aborder une fille en commençant par la saluer tout simplement. Elle refuse même de répondre à ses salutations. Alors le garçon utilise ce proverbe, pour lui dire que le fait de répondre à ses salutations ne l'engage à rien du tout.

167. Higo, iggu ndu !

Ami, frotte-le !

Expression grossière (frotter le bas du dos, *mbuudu*) pour évoquer les faux amis, dont les services sont absolument inutiles.

168. Ɓecce fu no go'o, bo keɗɗuɗe no taÿdete

Toutes les côtes se ressemblent, pourtant ce sont celles qui sont rapprochées qu'on coupe ensemble.

Koobgal goonga fu say ngal rimdaaɓe. Gam dimdaaɗo tan woni mo maaɗa.

Le véritable mariage est le *koobgal*, celui qu'on contracte entre proches. Seulement ton proche est vraiment à toi.

Au-delà du mariage, le proverbe met l'accent sur l'importance de la collaboration et l'entraide entre proches pour accomplir des travaux importants.

169. Gardugal waɗi, kohorugal walaa

Il y a la route pour venir, mais pas pour repartir.

A yiɗaa dillol garɗo to maaɗa : kama debbo garɗo jawarsi to maaɗa. Daga a wi'ey mo : Eh, Waane, min njiɗaa dillol ma, miɗon njiɗi njooɗa ɗo

Tu ne veux pas le départ de quelqu'un qui est venu chez toi : comme dans le cas d'une femme qui serait venue chez toi ayant quitté son propre foyer (par un mariage *te'egal*). Alors tu lui dis : 'Eh, nous ne voulons pas que tu t'en ailles, nous voulons que tu restes ici'.

Au-delà du contexte du mariage, l'image sert à dire que dans la vie il y a des situations irréversibles : on ne peut plus faire marche arrière.

170. Hooweego jeyi wanygo

Le fait d'être marié est lié au fait de haïr (c'est parce qu'on est marié qu'on hait).

Yeyiriijo to o hoowaaka wanyataa. Gorko to o hoowaaki serataa.

Une femme qui n'a pas été mariée ne haït pas. Un homme qui n'a pas marié ne divorce pas.

Observation pleine de cynisme sur les aspects conflictuels du mariage et, d'une manière générale, des ambiguïtés de toute amitié.

171. Boccoɗe caawdataake e kaaƴe

On n'enveloppe pas ensemble des œufs et des pierres.

Kaaƴe no pusey boccooɗe. Ko woodi semmbe e ko walaa semmbe hawritataake. Mo semmbe e mo walaa semmbe jooɗataako gam ɓe potataa

Les pierres casseront les œufs. On ne met pas ensemble ce qui est dur et ce qui est fragile. Le fort et le faible ne peuvent pas exister ensemble, parce qu'ils ne sont pas semblables. [97]

Certaines personnes ne peuvent pas rester ensemble, parce qu'elles ne sont pas compatibles. Cela se dit surtout au sujet de mariages (du type *te'egal*) ratés entre hommes et femmes qui ne sont pas issus des mêmes groupes.

172. No nganyirɗa nyiiwa fu, ta wi'u nga hebbintaa fayaande

Même si tu haïs l'éléphant, ne dis pas qu'il ne peut pas remplir une marmite.

On peut toujours trouver des qualités même chez les gens qu'on n'aime pas.[98]

173. Ngaddungol mo hohori mo

(La route) qui l'a conduite ici l'a reconduite chez elle.

Goɗɗo debbo hibbini kore mum, yehi to goɗɗo. Kadima to balɗe mbaali, hibbini o'o ma, yehi to go'o. Jikku makko waddi mo, kadima jikku makko hoƴƴi mo.

Une femme a quitté son mari pour aller chez quelqu'un d'autre (mariage *te'egal*). Mais, après quelques jours, elle quitte celui-ci aussi pour revenir chez le premier mari (celui du mariage *koobgal*). C'est son caractère qui l'avait amenée ailleurs et c'est aussi son caractère qui l'a ramenée.

Les choses sont rentrées dans l'ordre.

174. Fer ƴi'al, seed e buubi

Lance l'os (loin de toi), sépare-toi des mouches.

Ƴi'al ngal joogiɗa, kangal noddata buubi. Kul a seedi e ƴi'al, a seedi e buubi ma. Kul a seedi e fii, a seedi e torra majjum. Amma kul a seeday e fii, a seeday e torra.

---

[97] Voir aussi le proverbe haousa : G. Merrick, op. cit. 1905, n°65.

[98] Voir aussi n°467.

C'est l'os que tu tiens dans ta main qui attire les mouches. Si tu te sépares de l'os, tu te sépareras aussi des mouches. Si tu te sépares de la cause (d'un malheur), tu te sépares du malheur. Mais si tu ne t'es pas séparé de la cause, tu ne te sépareras pas du malheur.

Il ne faut pas hésiter à s'attaquer aux vraies causes de nos malheurs et de nos problèmes. Il faut avoir le courage de prendre certaines décisions, même si elles sont pénibles.

175. Wersa ndiyam, nyeɗa ndiyam

Remuer l'eau, puiser l'eau.

A wi'ino : mi yiɗaa ɗam ndiyam. Amma a wersi ɗam. Aɗa anndi: a wersaay ɗam e meere, amma gam keɓa mokka ɗam. Kul a yiɗaa nyeɗgo ɗam, a wersataano. A wi'ino: o'o tagu, mi yi'daa mo fu. Bo ramma, a'da wondi e makko. Kul a yiɗaano mo fu, ba jo'oni a waaldaano e makko.

Tu avais dit : je ne veux pas cette eau. Mais tu l'as remuée (comme pour en enlever les saletés). Tu le sais bien : tu ne l'as pas remuée pour rien, mais pour la boire. Si tu ne voulais pas en prendre, tu ne l'aurais pas remuée. Tu avais dit : cette personne, je ne l'aime pas du tout. Et pourtant, te voici, tu es avec elle. Si vraiment tu ne l'aimais pas, tu ne serais pas avec elle maintenant.

Il faut assumer les conséquences de ses propres choix : le contexte est celui du mariage.

176. Tappee-sumee

Etre castré-être marqué au feu.

Bone hooti dow bone. Ngaari tappaama sumaama. Tagu howane, pi'e. O te'anaama, o fi'aama: ɓe mbaɗani mo "tappee sumee".

Malheur qui s'ajoute au malheur. Le taureau a été castré, a été marqué au feu. On a enlèvé la femme de quelqu'un et on l'a aussi frappé. Alors on dit qu'on lui a fait « être castré et être marqué au feu »

Image comique du comble du malheur : le malheur qui s'ajoute au malheur.

177. Nagge ɓilori, nyalohol wa'ati

La vache a fait une fausse couche, le veau est crevé.

Malheur après malheur. Même signification que le proverbe précédent.

178. Tummude buŋuli, kosam rufi

La calebasse s'est renversée, le lait s'est versé par terre.

Un malheur explique un autre malheur. Comme les proverbes précédents.

179. Yeddoorde dow dooroore

Furoncle sur la bosse.

Malheur après malheur. Comme les proverbes précédents.

180. Safo'o fu'uti, cafgal yoolake

Celui qui puisait a pété, la puisette est tombée dans le puits.

Même signification que les proverbes précédents, mais avec une force comique très grande. Voir aussi n°187.

181. Mbarta baraandi

Tuer à nouveau (le même serpent) qui avait déjà été tué.[99]

A wari goɗɗo, a wartake mo. A yarni mo bone, kaɗima gaɗa ɗo njarna mo bone. Goɗɗo a te'ani mo yeyiriijo, kadi gaɗa ɗo a wujji mo nagge.

Tu as tué quelqu'un et puis tu l'as tué à nouveau. Tu lui as causé une peine et puis, encore une fois, tu lui causes une autre peine. Tu as enlevé la femme de quelqu'un (mariage *te'egal*) et puis par la suite tu lui voles aussi sa vache.

Cela se dit des attitudes acharnées de certaines personnes, dont la méchanceté et brutalité n'ont pas de limites. Métaphore du malheur après malheur (comme les proverbes précédents). Voir aussi n°337.

182. Jom : hokku foɗooɓe

Popriétaire (de la vache) : lâche (la corde) à ceux qui la tirent.

Wiige ma hallunge. Kul a jomaayno nge, walaa nanaeyɗo habaru magge. Amma to a jomi nge, a hokki woɗɓe ɓe poɗoya. Lenyol fu no naney a jomi. Foɗooɓe woni jomɓe haala, yahrooɓe miimanda.

Ta génisse a un mauvais caractère. Si tu n'as rien fait pour la maîtriser, personne n'aura connaissance de son caractère. Mais en la maîtrisant, tu auras donné à d'autres la possibilité de tirer (la corde, au moment de tenir la génisse pour lui donner un traitement ou la marquer au feu). Alors tout le monde le saura.

---

[99] Le pronom *ndi* se réfère à *mboodi* (serpent).

Les gens qui tirent la corde sont ceux qui ont la parole, ceux qui colportent des commérages.

Proverbe assez obscur dans son expression. Il affirme, d'une manière générale, qu'il faut prendre toutes les précautions nécessaires pour éviter les bavardages et les commérages des gens.

183. Ta' faggo'o arito fagguɗum

Que celui qui amasse ne devance pas le bien amassé.

To a arti a heɓi yeyiriijo amma a walaa jawdi, yeyiriijo ma joɗataako. Amma kul a heɓi jawdi, yeyiriijo o'o mo keɓɗa o hoornaay dillugo.

Si tu as pris une femme, mais tu n'as pas de bétail, ta femme ne restera pas chez toi. Mais si tu as d'abord obtenu du bétail, la femme qui tu auras pris ne partira jamais plus de chez toi.

Malgré une formulation elliptique, le proverbe a une signification précise: pas de mariage stable sans une base économique sûre. Mais cela est aussi une métaphore : on ne s'embarque pas dans une entreprise sans au préalable disposer de tous les moyens nécessaires pour la conduire à terme.

184. Lisal dase, dasa mbubbu

La branche (de l'arbre) a été trainée par terre, elle traine (avec elle) des brindilles de paille.

To neɗɗo yiɗi tagu, o hisataa ɗum makko fu : o hisataa iyaalu makko, o hisataa belɗum e naawɗum makko fu.

Si on aime une personne, on ne peut échapper à tout ce qui est à elle: on n'échappe pas à sa famille, on n'échappe pas son bonheur ni à son malheur.

Le contexte est celui du mariage : en se liant à une femme par le mariage, un homme doit l'accepter comme elle est, avec ses attitudes et comportements, il doit aussi accepter les nouvelles relations sociales avec sa famille et son groupe. D'une manière plus générale, le proverbe rappelle que toute action a nécessairement des conséquences, à plus ou moins long terme.

185. Mi nyaamaay demaaɗi, woor mi nyaama kelaaɗi

Je n'ai pas pu manger (les arachides) cultivées, laisse-moi tout de même manger (les arachides) glanées.

On se rabat sur un bien plus petit si on n'a pas pu avoir un bien plus grand. Proverbe souvent utilisé dans le contexte des relations amoureuses de jeunes : quelqu'un n'a pas pu conquérir le cœur de la plus jolie fille et alors décide de se contenter des faveurs d'une autre fille.

186. Moÿÿungel kam waddata monningel

C'est la petite (chèvre) gentille qui est devenue déplaisante.

Aðа moÿi, daga a hoowoto kalluðo, mo mbirdi wooðaa. Monnaare makko ðalataa ma, ðalataa duniya fu.

Tu étais quelqu'un de bien et puis tu as marié une femme méchante, dont le caractère n'est pas bon. Son attitude déplaisante ne t'épargne pas, n'épargne personne.

Le mariage avec une femme déplaisante fait basculer tout. Remarque générale: tous nos agissements et toutes nos décisions ont nécessairement des conséquences, qu'il faut évaluer en temps opportun. Voir aussi n°276.

187. Yiðeego e ɓuri yiðaneego

Etre aimé vaut plus qu'être comblé (de quelque chose).

Tagu, kul o yiðaaka, to a yiðanii mo fu e mere.

Si quelqu'un n'est pas aimé, tout ce que tu pourras lui donner ne vaut rien.

Le contexte est celui d'un mariage potentiel : ne pense pas pouvoir obtenir une fille qui ne t'apprécie pas, même si son père est prêt à te l'accorder en mariage.

2. LES BONNES MANIERES

` **2.1 Patience, modération et prudence**

188. Munyal riiwaay ko daði

La patience n'a pas chassé ce qui a dépasse (la patience surpasse tout).

A talka : aða faggo, aða faggo seese-seese faa keɓa ko ɓernde ma yiði fu.

Tu es pauvre: mais tout doucement, tu amasses des biens, tu les amasses jusqu'au jour où tu obtiens ce que ton cœur désire.

Proche du proverbe français : « Qui ne risque rien n'a rien ». C'est au sujet de la valeur de la patience et de la persévérance pour obtenir un bien ou atteindre un objectif. Proverbe évoqué au sujet de quelqu'un qui a enfin obtenu l'objet de ses désis (souvent utilisé dans le contexte d'un homme qui a finalement pu obtenir les faveurs de la femme aimée).

189. Seese-seese riiwaay ko daɗi

Doucement-doucement n'a pas chassé ce qui dépasse.

Variante du proverbe précédent. On peut obtenir tout en étant patient.

190. Munyal no defey hayre

La patience cuira une pierre.

Comme les proverbes précédents. Avec la patience on peut tout faire, on peut tout obtenir, même les choses les plus inimaginables.

191. Munya-munyta wanaa no munyal

Patienter-s'impatienter ce n'est pas de la patience.

Munyal mawɗo walaa keerol. Munya faa keerol munyal. Amma kul a munyataa, ilaa arannde ta' munyu.

La patience d'un adulte n'a pas de limites. Fais patience jusqu'au bout. Mais si tu n'es pas vraiment patient, c'est mieux de ne pas être patient du tout.

La patience n'a pas de limites. Ce proverbe, construit sur un syntagme suggestif, est utilisé pour célébrer la persévérance dans les épreuves et pour castiguer l'impatient.

192. Wanaa no henndu warduno teenaaki do''orto

Ce n'est pas aussitôt que le vent se lève que l'arbre tombe.

Wanaa no njirruɗa fii non keɓrata ɗum. Gam neɗɗo miilti huunde fu, o heɓrata ɗum. Say o yaaɓra seese, hakkiillo de''iti. Hunnde heɓataako kul neɗɗo e yawdanto.

Ce n'est pas aussitôt que tu désires une chose que tu l'obtiendras. Ce n'est pas parce qu'on pense tout le temps à quelque chose qu'on l'obtiendra. Il faudra y ailler doucement, en apaisant l'esprit. Si on est pressé, on n'obtiendra rien.

C'est un conseil général donné à toute personne qui envisage d'entreprendre un projet : il faut être persévérant. Alternativement, c'est aussi un regard moquer sur ceux qui ne savent pas patienter.

193. Joga puram fa dow booɗɗam

Garde l'eau boueuse jusqu'à obtenir la bonne eau.

Joga ndiyam fa dow ndiyam : a daɗi ɗomnka. Kul aɗa jogi puram, ɗomnka waratаа ma. Joga naawɗum ma fa keɓa koya.

Garde la (mauvaise) eau jusqu'à la (bonne) eau : alors, tu auras échappé à la soif. Si tu gardes l'eau boueuse, la soif ne pourra pas te terrasser. Supporte la souffrance jusqu'à pouvoir en être soulagé.

Il faut savoir supporter une situation difficile, en attendant des jours meilleurs. On n'utilise généralement pas une eau boueuse si on dispose d'une eau claire. Le pauvre doit s'adapter aux circonstances de la vie et, pour survivre, ajuster ses choix.

194. Ko rufi ɗoftadataako

Ce qui est versé par terre ne peut plus être ramassé.

To nebbam arti rufi, ɗam hornaay ɗoftodeego : say ɗam hibbine fu. To tagu wi'i ngoɗka, ton to o wi'i ka, ka wurtake e hunnduko mum, ka hornaay so'oyaago nder maggo. Kul ka mboɗka no wooɗey, kul ka wooɗaa no bonney.

Une fois versé par terre, le beurre (liquide) ne pourra plus être ramassé, il faudra l'abandonner. Quand quelqu'un a parlé, la parole qu'il a prononcé ne reviendra jamais plus dans sa bouche. S'il s'agit d'une parole bonne, elle fera du bien; s'il s'agit d'une parole méchante, elle fera du mal.

Proverbe cité pour louer la retenue et la modération. Nos propos et nos agissements ont toujours des conséquences, le plus souvenr irréversibles.[100]

195. Tokku, tokku, ta' tikku

Suis, suis ne te fâche pas.

Conseil d'user tojours de la prudence et du courage, sans désesperer. Le proverbe joue sur la force de l'allitération dans le choix des mots : *tokka* (suivre) et *tikka* (se fâcher).

196. Koɗo no cammam

Un hôte est comme la rosée.

Cammam to waali, no weetey. To ɗam weeti, no majjey. Koɗo no neeɓri fu, no dilley. Kul o dawaay, no hiirndey; kul o hiirnday, no dawey. Koɗo no wutoto

[100] Voir aussi H. Tourneux- D. Yaya (1998) p. 434.

Après la nuit, la rosée apparaît à l'aube. Mais, par la suite, elle disparaît rapidement. Même s'il reste longtemps, un hôte finira par partir. S'il ne part pas le matin de bonne heure, il partira le soir; et s'il ne part pas le soir, il partira le lendemain matin. Un hôte ne fait que passer.

Les principes du *fulfulde* obligent de donner hospitalité à tout le monde. Le proverbe sert à la fois à évoquer la tristesse de laisser partir quelqu'un qu'on aime et, avec un certain humour, le soulagement de voir partir quelqu'un qu'on n'aime pas.

197. Koɗo no ndiyam ndoggoojam

Un hôte est une eau ruissellante.

Même signification que le proverbe précédent.[101]

198. Ko waddi hannde no waddey jahango

Ce qui a apporté aujourd'hui apportera demain.

Kul a heɓaay hunnde hande, a heɓey ɗum jahango. Waɗ munyal, gam jahango e woodi. Gollal ngal a heɓaay heenyugo hande a heenyey ɗum jahango. Munya faa wakkasi maggal wara.

Si tu n'as pas obtenu une chose aujourd'hui, tu l'obtiendras demain. Sois patient, parce qu'il y a (toujours) un lendemain. Le travail que tu n'as pas pu achever aujourd'hui, tu l'achèveras demain. Sois patient jusqu'à que son heure vienne.

Valeur inestimable de la patience et de la persévérance.

199. Ndo'eteenga somataa

Celui qui (dans une lutte) est terrassé ne se fatigue pas.

Nder durwo, do''aaɗo dalata. Woodi semmbe walaa, o ɗalataa. To o do''a, o ummo. Njiɗɗo hokkeego, wakaasi fu emo nyaara ton to kokkeyɗo woni. O ɗalataa, o somataa.

Dans une lutte, celui qui a été terrassé ne lâche pas prise. Il ne lâche pas, même s'il n'a plus de force. S'il est terrassé, il se relève. Celui qui veut recevoir (un bien) court à tout moment là où son donneur potentiel se trouve. Il ne se décourage pas, il ne se fatigue pas.

[101] Voir aussi R. Leger & A.B. Mohammad (2000) p. 304.

Par l'image du lutteur, on évoque la valeur de la ténacité, la persévérance et l'opiniâtreté dans la recherche de ce qu'on désire.

200. Neɗɗo no yawdori fu wutataako kosngal mum

On ne peut pas dépasser sa propre jambe, même si on est pressé.

Dow gollal fu, say munyal, say neɗɗo yahra seese.

Dans toute entreprise il faut de la patience, il faut y aller doucement.

Observation pleine d'humour au sujet de ceux qui ne savent pas patienter, qui ne montrent pas de la modération dans la poursuite de leurs désirs.

201. Neɗɗo yoofdantaa ɗiɗi

On ne lâche pas deux (veaux) au même temps (pour téter la même vache).

On ne peut pas atteindre en même temps tous nos objectifs. Il faut utiliser de la patience et de la modération.[102] Image pastorale par excellence, qui rappelle le moment de la traite des vaches laitières, quand on libère les veaux, l'un après l'autre, pour qu'ils rejoignent leurs méres.

202. Nyuɗora weemnge faa kewta hallunge

Marche sur la pointe des pieds jusqu'à la (vache) docile, pour ensuite atteindre la méchante.

Neɗɗo heɓa o yottoro moƴƴuɗo mo jam, faa hewta jom fii.

Que l'on s'approche de celui qui est généreux, pour atteindre le riche.

Etre patient signifie adopter une attitude intelligente et habile dans la pursuite des objectifs. C'est une image de la vie pastorale, qui rappelle le caractère très sauvage de certains animaux.

203. Hayno lelel, seeka deɗel

Apercevoir une petite gazelle, déchirer sa propre petite culotte (en cuir).[103]

Ila a hokaay am huunde, mi hibbini ɗum am dow e tammunde tan. Jo'oni, kul a haɗi yam, mi walaa kooɗume. Neɗɗo waɗi kaanye : gam hibbini aranum, ilaa o heɓaay goɗɗum.

Alors que tu ne m'as pas encore donné ton bien, j'ai déjà jeté mon propre bien sur la base uniquement de l'espoir d'obtenir le tien. Et maintenant, si tu me

[102] Voir aussi n°242 et n°243.

[103] On fait référence au *deɗo,* la culotte en cuir utilisée traditionnellement par les bergers (aujourd'hui de moins en moins utilisée).

le refuses, je n'aurai rien du tout. Quelqu'un s'est comporté comme un imbécile : parce qu'il a jeté ce qu'il avait, avant même d'obtenir quelque chose d'autre.

Proche du proverbe français : « Il ne faut pas vendre la peau de l'ours avant de l'avoir tué ».[104] Au sujet du comportement ridicule des personnes pressées, qui ne font pas preuve de modération.

204. Nano yoofi, nyaamo jogaaki

La main gauche a lâché prise, la main droite n'a pas encore saisi.

A ittii ɗumɗa'e ɗum njoginooɗa faa keɓa goɗɗum, bo a heɓaay ɗum. A heppi aranum, a heɓaay goɗɗum ma.

Tu t'es débarassé de quelque chose pour pouvoir obtenir quelque chose d'autre que cependant tu n'as pas encore obtenu. Maintenant, tu n'as plus la chose d'avant et tu n'as pas encore obtenu l'autre.

Comme le proverbe précedent. Cela rappelle le proverbe français : «Avant de débâtir, il faut savoir où se loger ». Toute initiative doit être précédée par une bonne réflexion.

205. Waddaay, towtaay

On n'a pas apporté, on n'a pas trouvé.

A ɗaalay koomi e wuro ma, kaɗima ton to njahɗaa a heɓoyaay.

Tu n'as rien laissé à ta maison, et maintenant tu n'es pas encore arrivé là où tu es dirigé.

Proche des proverbes précédents. Evoqué dans une situation d'impasse totale.

206. Hakkunde nyiɓre e leelewal

Entre les ténèbres (de la nuit) et le clair de lune.

Neɗɗo jogaaki huunde fu, daga no dilley. Amma ton to o yehi, heɓaay huunde. Rammo hakkunde nyiɓre e leelewal

Quelqu'un qui ne possède rien, décide de partir ailleurs. Mais là où il est allé, il n'a rient obtenu. Et le voilà donc, entre ténèbres et clair de lune.

Comme les proverbes précédents. Une situation d'impasse totale créée par le manque de prévoyance.

---

104 Voir aussi H. Tourneux- D. Yaya (1998) p. 301.

207. Yawdaago jeyi 'ko nge rimi ?'

C'est à la hâte qui appartient la question « qu'est-ce qu'elle a mis bas ? ».

Neððo ÿami habaru dimgol nagge ila nge rimaay. Boo e haani o waða munyal faa nge rima fu, nden o ÿama. Habaru aða dow wi'eego ðum, daga a yawdoto ÿama ðum.

Quelqu'un demande des nouvelles du vêlage alors que la vache n'a pas encore mis bas. Il faut montrer de la patience jusqu'à ce que la vache ait mis bas avant de demander des nouvelles. Tu es prêt de recevoir la nouvelle, mais tu es trop pressé à poser la question.

Moquerie du comportement de celui qui est pressé, qui ne respecte pas les conventions et qui ne montre aucune forme de retenue. [105]

208. Yawdaare jeyi kareeru rimi bumkon

C'est parce qu'elle était pressée que la chienne a mis au monde des (chiots) aveugles.

Ndu yawdi, ndu rimi ilaa balðe kon bumtaay. Yawdaare semtini ndu.

La chienne était pressée et a mis au monde des chiots qui n'avaient pas encore ouvert les yeux. La hâte a couvert de honte la chienne.

Cela rappelle un conte bien connu d'une chienne qui était pressée d'accoucher. Même signification que le proverbe précédent. [106]

209. Yiðde no balðe ðiði, munyal woni sakkitte

L'amour (entre deux personnes) ne dure que deux jours, par la suite il y a la patience.

Kul aða yiði gonndal e yeyiriijo, kul a munyanaay mo, kul o munyanaay ma, gonndal mooðon juutata. Gam munyal tan woni farilla mon.

Si tu vis ensemble avec une femme, si tu n'es pas patient avec elle et si elle n'est pas patiente avec toi, votre vie ensemble ne durera pas longtemps. Seulement la patience est votre certitude.

Importance de la patience (*munyal*) dans toute relation. Au début d'un mariage on parle beaucoup d'amour (*yiðde*). Mais, par la suite, l'union des époux est fondée uniquement sur la patience et le support mutuel. Ce proverbe, qui

[105] Voir aussi n°307.

[106] Voir H. Tourneux- D. Yaya (1998) p. 432.

s'adapte à plusieurs situations, sert à proclamer la valeur de la persévérance dans toute relation et dans tout travail.

210. Caafgal to neeɓi no wardey e ndiyam

Si elle est restée longtemps (au fond du puits), la puisette reviendra pleine d'eau.

Neɗɗo to heɓaay fi, no heɓey nde go'o. A heɓaay hande na? Waɗ munyal, a heɓey jahango.

Si quelqu'un n'a pas obtenu un bien, il finira bien par l'obtenir un jour. Estèce que tu n'as rien obtenu aujourd'hui ? Sois patient, tu l'obtiendras demain.

Image de la vie pastorale. La valeur de la patience et de la persévérance. Il ne faut jamais désespérer dans la vie.

211. Mo munyaay surga hewtataa nde huɓɓi yiite (hewtataa yiite riigiinge)

Celui qui n'a pas pu supporter la fumée n'atteindra pas le moment où le feu s'allume (le feu crépitant)

Neɗɗo kul munyaay ko naawi, hewtataa to weli. Amma kul o munyi naawɗum, o hewtey belɗum.

Si on ne supporte pas ce qui est désagréable, on ne pourra pas atteindre ce qui est agréable. Mais si on supporte la souffrance, on atteindra le bonheur.

Il faut supporter la peine pour atteindre le bonheur. Proverbe utilisé, par exemple, pour expliquer la situation d'un éleveur qui, au cours d'une transhumance, se contente temporairement d'un pâturage d'appoint de qualité médiocre afin de pouvoir atteindre des pâturages excellents.

212. Munɗo surga no hewtey ƴulɓe

Celui qui a supporté la fumée atteindra les braises.

Avec la variante : *Mo munyaay surga hewtataa ƴulɓe, «* celui qui n'a pas supporté la fumée n'obtiendra pas les braises ».[107] Même sens et image que le proverbe précédent.

[107] Voir aussi H. Gaden (1931) n°860.

213. Gulði feewa ndiyamji

Eaux chaudes refroidissent

To a wawnyi ndiyam, dow yiite eðam wuli. Dow yiite walaa baawðo yargo ðam. Amma to a jippini, ðam feewi, njaalðo fu no yarey ðam.

Quand tu fais boullir l'eau, cette eau est chaude sur le feu. Personne ne peut la boire quand elle est encore sur le feu. Mais quand tu l'as retirée (du feu), l'eau se refroidit, et alors tout le monde peut en boire.

Patienter pour obtenir ce qu'on désire.

214. Daabare woonde e ɓurii semmbe

Une bonne conduite vaut plus que la force.

To a torrake goððo, a yaaɓri seese, a waði munyal, nde go'o a heɓey. Hakkillo hokku ma ko semmbe ma hokkataa ma.

Si tu as supplié quelqu'un, si tu as attendu, si tu as été patient, alors un jour tu finiras par obtenir (ce que tu cherchais). Et c'est ton intelligence (esprit) qui te l'aura donnée, pas ta force.

Valeur du contrôle de soi-même et de la retenue.

215. Njiððo luumo kam nyaamata ngo

C'est celui qui veut (ou : qui aime) le marché qui s'y rend.[108]

Njiððo fii kam raarata ðum hoore mum, walaa ndaaraneyðo ðum.

Celui qui désire un bien doit le chercher en personne. Personne d'autre peut le chercher à sa place

Il faut être prêt à faire personnellement tous les sacrifices nécessaires pour atteindre l'objet de nos désirs. Proverbe à l'intention de ceux qui hésitent à prendre des décisions.

216. Ɓunndu hewti anndeere

Le puits a atteint la terre dure.

To neððo yaasi ɓunndu, yaasi, yaasi faa o hewti anndeere, ndu' ɓunndu hornaay ndiyam, ɓeeɓi noon. Goððo hokki ma hannde e jahango. An ma a ðalaayi mo e tornde ma, faa a metti mo, mbaððon bolliiðe. Ndeehan, o yaltataa hokkugo ma kooðume. A hornaayi heɓgo goððum faro makko. A hewti anndeere makko.

---

[108] Remarquer l'expression : *nyaama luumo* (litt. « manger le marché »), aller au marché. Voir aussi n°264.

Si on récure un puits, on enlève la terre et on atteint la terre dure, alors c'est fini, ce puits ne donnera plus d'eau, se tarira. Quelqu'un t'a donné quelque chose aujourd'hui et il t'en donnera encore demain. Pourtant tu ne le laisses pas tranquille avec tes demandes. Jusqu'à ce que tu le mets en colère et il y aura alors des paroles dures entre vous. Alors il ne te donnera plus rien du tout et tu ne pourras jamais plus obtenir quelque chose de lui. On dit alors que tu as atteint 'sa terre dure'.

Si on est toujours insatisfait, si on demande trop des autres, on finira par tout perdre. Dans la vie, il faut savoir se contenter de ce qu'on possède et fixer des limites à nos désirs.

217. Yemnde yawdantaako jalbal

On ne presse pas avec un poinçon sur une (calebasse) cassée.

Tummude to yewi, no neɗdo yawdori fu, jalbal nyootanta ɗum. Gollal ngal mbaɗata fu, ta' yawdo dow maggal. Waɗ ngal seese.

Quand la calebasse est cassée, le poinçon ne pourra pas la réparer immédiatement, même si on est très pressé. Pour n'importe quel travail, ne te presse pas. Fais chaque chose tranquillement.[109]

Proverbe qui exalte la retenue et la modération.

218. Maaya-difta

Mourir-s'arracher à nouveau.

Njaraa bone, nji'a torra: daga a heɓey ko njiɗɗaa. A maayino, amma jo'oni a hepti yonki ma. Neɗɗo hoÿÿa ko teddi, wadda, rifta.

Tu es dans la souffrance, tu peines beaucoup. Et puis, tu finis par obtenir ce que tu veux. Tu étais mort, mais maintenant tu as retrouvé ton souffle vital. (C'est comme) un homme qui a pris un gros fardeau sur ses épaules, le transporte et puis le décharge.

Encore un proverbe qui conseille la patience et la persévérance pour obtenir le bien désiré.

---

109 Le *nyo'otol* (réparation de calebasses) est une occupation normale des femmes Woɗaaɓe, cela leur permet de gagner des céréales dans les villages sédentaires (voir aussi n°163).

219. Natta ka, mburto ka

La faire entrer, la faire sortir (une parole, un propos).

A waawaano gollal ngonngal: amma hannde a ekkitii, a waawi ngal, faa mbinooɓe ma "a waawaa" hannde nde'i.

Tu n'étais pas capable de faire un certain travail: mais aujourd'hui tu as appris et tu es capable de le faire. Tellement que ceux qui autrefois te disaient "tu n'es pas capable", maintenant se taisent.

Proverbe obscur à cause de son expression concise.[110] Avec patience et détermination, on peut changer même les situations les plus compromises. Il ne faut jamais se décourager, il faut être patient.

220. Dimgal Alla teddataa

Le fardeau que Dieu impose n'est pas trop lourd (à porter).

Ko Alla yowani neɗɗo fu, no hooỹete. Ko Alla tagani fu, ɗum ɓurataa ko neɗɗo waawi. Ko Alla waɗi fu no booɗɗum, salataake.

On pourra porter toute charge qui vient de Dieu. Tout ce que Dieu a fait pour quelqu'un, ne sera jamais au-delà de ses forces. Tout ce que Dieu a fait est bon et on ne peut pas le refuser

Proverbe d'origine religieuse.[111] Parole de confort à l'adresse de ceux qui connaissent une grande épreuve : soyez patients et persévérants, ayez courage, ces épreuves ne sont pas au-dessus de vos forces.

221. Nyuungel-nyuungel ngara ɗo

Petit à petit viens jusqu'ici.

Njiɗɗo mawɗum, ɓaɗora pamarum, fa o hewta mawɗum ma. Huunde heɓataake kul wakkasi mum fotaay.

Celui qui veut un bien important, qu'il s'approche d'abord d'un bien petit pour obtenir par la suite ce qui est grand. On n'obtient un bien que quand son heure est arrivée.

Il faut savoir être patient dans toutes nos entreprises.

---

[110] Le pronom *ka* se réfère à *haala,* « parole, propos ».

[111] Le terme « *alla* » signifie « Dieu » et aussi « la voute du ciel », à savoir cette grande vannerie plate (*mbeɗu*) qui est au-dessus de nos têtes, origine de phénomènes climatiques (synonyme de *asamaare).* Ainsi on dit, par exemple, que « Dieu donne la vie aux êtres humains », mais aussi que « dieu/ciel est tombé », soit « la pluie est tombée » (*alla toɓi / asamaare toɓi*). On dit aussi qu'en saison sèche, « le soleil passe au milieu du ciel /*alla* ».

222. ***Alla e woodi, Alla heỹỹi***

Goɗɗo salake, hokkaay ko njiɗɗa. Aɗa anndi hokki-hokkaay, Alla hokkata neɗɗo. Kul a heɓaay hannde, Alla no hokkete nde go'o.

Quelqu'un a refusé de te donner ce que tu souhaitais avoir. Tu le sais : qu'on donne ou qu'on ne donne pas, c'est en fait Dieu qui donne. Dieu te donnera un jour ce que tu n'as pas obtenu aujourd'hui.

Sous la forme d'un proverbe religieux, on conseille de ne jamais se décourager dans la poursuite de ce qu'on désire.

223. Geenel geenel sonndu waɗi wuro

Brindille après brindille l'oiseau a fait son nid.

Neɗɗo fu yaaɓra seese, faa o heɓa ɗum ko heỹỹata mo.

Qu'on avance doucement, jusqu'à obtenir ce dont on a besoin.

Comme le proverbe français : « Petit à petit l'oiseau fait son nid ». Eloge de la persévérance, de la patience et de la constance.

224. Semteende, nafoore

Une honte, un profit.

Tagu semti, amma nafi hoore mum.

Quelqu'un a fait une chose honteuse. Mais il en a tout de même tiré un profit.

Il faut parfois accepter d'avoir honte (en faisant des choses peu honorables, par exemple) pour pouvoir en tirer un profit. Proverbe toujours évoqué avec un brin de malice, sous forme de plaisanterie.

2.2 Générosité et gratitude

225. Teenaaki ki ɗowdi ila no waafre no anndete

On reconnaît un arbre d'ombrage depuis qu'il est un petit arbuste.

Tagu mo yehere fu, ilaa o bilki no anndete, o suudaaki.

On reconnaît une personne généreuse depuis son enfance, elle ne reste pas cachée.[112]

[112] Voir le n° 407.

226. No kokkuɗa non kokkitirdeeɗa

On te donnera comme tu as donné.

Non no kokkirɗa yam, non kokkeymaa-mi. To a hokki yam, gaɗa yawto mi hokkete ko njiɗɗa. Kul a hokki yam ko njimmi, mi hokkete ko njiɗɗa. Kul a hokki yam ko mi yiɗaa, mi hokkete ko a yiɗaa.

Je te donnerai de la même manière dont tu m'as donné. Si tu m'as fait un don, après un peu de temps je te donnerai ce que tu veux. Si tu m'as donné ce que je désire, je te donnerai ce que tu désires. Mais si tu m'as donné ce que je ne veux pas, je te donnerai à mon tour ce que tu ne veux pas.

On sera généreux envers celui qui a su être généreux. Par contre, on n'aidera pas celui qui n'a pas aidé les autres.

227. *Kukkuɗo ma mbeewa ta' wanyan mo laral*

Ne refuse pas la peau à celui qui t'a donné une chèvre.

Comme le proverbe précédent. Il faut être généreux et reconnaissants envers ceux qui nous ont montre leur générosité.

228. *Haɗa reedu, hokka reedu*

Priver le ventre, donner au ventre.

Savoir se priver de quelque chose dont on a besoin pour la donner à quelqu'un qui en a un besoin encore plus grand.

229. Ɓurti ɓollel

Un petit bouton c'est un plus.

Tagu kokkoreyɗo ma seɗɗa e ɓuri mo hokkortaa fu.

Quelqu'un qui te donne peu vaut plus que quelqu'un qui ne donne rien du tout.

Au sujet de la générosité, comme les proverbes précédents.

230. Sorɓanɗo Alla mo heɓey genjeeri

Celui qui (dans l'aire de battage) a battu le mil pour Dieu recevra la poussière de mil.

Mbaɗanɗo ma gollal, a hokkey ɗum goɗɗum, no ɗum foti fu.

A quelqu'un qui a fait un travail pour toi, tu lui donneras quelque choses, même une petite chose.

Donner à chacun ce qu'il mérite.

231. Mo rufaay ndiyam yaaɓataa kecciri

Celui qui n'a pas versé l'eau par terre ne pourra pas mettre ses pieds sur un sol humide.

Kul kecciri njiɗɗa yaaɓgo, ruf ndiyam. Kul hokkeego njiɗɗa, hokku ila aɗa woodi, fa keɓ nde keppuɗa fu.

Si tu veux mettre tes pieds sur un sol humide, d'abord verse de l'eau par terre. Si tu veux qu'on soit généreux envers toi, donne aux autres quand tu as encore quelque chose, de manière à obtenir à ton tour quand tu seras dans le besoin.

Etre généreux pour pouvoir bénéficier de la générosité des autres. Logique du système des dons et des contre-dons au sein des échanges sociaux. Voir aussi n°24.

232. Hokka fa e ŷi'al

Donner (une vache) y compris l'os.

La générosité doit être complète. On ne peut pas être généreux à moitié.

2.3 Vigueur et courage

233. Goɗa dava jawdi e dava hakkillo

Il est préférable de manquer de bétail que d'intelligence.

Gonɗo hakkillo heppataa jawdi, amma kaaŋaaɗo heppi hunnde fu.

Celui qui est intelligent (intelligence pratique) ne manquera pas de bétail, mais l'imbécile manquera de tout.[113]

234. Hakkillo yarata gurtel jollooru

C'est l'intelligence (l'homme intelligent) qui boit la bouillie de la gourde.

Mo walaa hakkillo yarataa gurtel jollooru. Gonnɗo semmbe, amma mo walaa hakkillo, no wewey jollooru, no rufey gurtel. Mo hakkillo e ɓuri mo semmbe.

Celui qui n'a pas d'intelligence pratique n'arrivera pas à manger la boullie qui est dans une gourde. Celui qui a la force sans l'intelligence, tentera de briser la gourde, mais alors il versera la bouillie. L'intelligent vaut plus que le fort.

[113] Le terme *jawdi*, qui définit avant tout « possession » finit tout simplement par signifier « bétail ».

235. Mo welnaay waylitata

C'est celui qui n'est pas à l'aise (pas bien assis) qui change de position.

Mo welnaay joonde no waylitey joonde mum. Mo heɓaay jawdi, mo yaraay, mo walaa huunde fu, no raarey ɗum faa o heɓa.

Celui qui n'est pas bien assis change de position. Celui qui n'a pas de bétail, qui n'a pas mangé, qui ne possède rien se mettra à chercher son bien jusqu'à ce qu'il l'obtienne.

Celui qui est dans une situation difficile essayera toujours de s'en sortir. Pas de répos jusqu'à ce qu'il ait pu obtenir les moyens lui permettant de vivre. C'est aussi une reproche indirecte des paresseux.

236. Mbaara daamooru, kuɓɓa yiite, mbirga ƴulbe

Tue le varan, allume le feu, tasse les braise.

Keɓa laawol mbaɗa ko ɓernde ma yiɗi fu. To a yiɗi wolwango tagu, a dillaneymo tan. To a yottake mo, jaawɗum a wi'ey mo ko woni e ɓernde ma: to ɗum naawka, a wi'ey mo ka; to ɗum mbelka, a wi'ey mo ka. To o wolwi, daha a ruugoto ma tan.

Obtiens de faire tout ce que ton coeur désire. Si tu veux parler à quelqu'un, tu partiras chez lui. Une fois chez lui, tout de suite tu lui diras ce qu'il y a dans ton cœur. S'il s'agit d'une parole désagréable ou si c'est une parole agréable, tu lui adresseras cette parole. Et après lui avoir parlé, tu t'en iras, tout simplement.

Efficacité, droit au bout, promptitude dans l'exécution d'une tâche. Proche du proverbe français : « Aussitôt dit, aussitôt fait ».

237. Goosiiɗo e ɓuri mo woosaaki

L'éclaireur qui part en reconnaissance des pâturages vaut plus que celui qui ne part pas.

Image pastorale : le *goosiɗo* est l'éclaireur qui inlassablement part loin de son campement pour aller faire une reconnaissance de régions plus éloignées pour évaluer la qualité des paturages et de l'eau, avant d'un éventuel déménagement avec toute la famille et le troupeau. Il est le symbole du travailleur infatigable, qui cherche d'obtenir ce qu'il est bon pour lui, opposé au paresseux et fainéant. Proche du proverbe français : « Chacun est l'artisan de sa fortune ».

238. Bote nyiɓani nyaaku, ɗali mbuduudu e womba

C'est le profit qui a construit (un cellier) pour l'abeille et a laissé la mouche-maçon à son bourdonnement.

Gam bote watta nyaaku nyiɓante suudu : bote nyaaku woni njumri mum. Amma mbuduudu walaa bote fu.

C'est à cause du profit qu'on construit un cellier pour l'abeille, parce que le profit de l'abeille est le miel. Mais une mouche-maçon ne sert à rien.

Image du monde animal pour critiquer fainéants et paresseux.

239. Yi'igo e ɓuri yecceego

Voir vaut plus que se faire dire.

Yi'rugo huunde e gite mum e ɓuri nana e noppi mum tan. Dow ko nani noppi ma, a wi'ataa 'tabbas', say dow ko gite ma nji'i.

C'est préférable de voir les choses avec ses propres yeux plutôt que les apprendre (des autres) par les oreilles. Tu ne peux pas dire 'certainement' au sujet de ce que tes oreilles ont entendu, mais seulement au sujet de ce que tes yeux ont vu.

C'est une critique voilée des fainéants, comme aussi de ceux qui qui font confiance aux commerages et aux rumeurs. [114]

240. Pemmbol warti e tiinde

Le rasage est arrivé au front.

Nde pemmbol wonno gaɗa daande, say wallireego. Amma to ngo wartii e tiinde, daabare wartii e am. Mi walliraama faa hannde daabare wartii e am.

Quand il fallait raser les cheveux derrière le cou, j'avais besoin de l'aide des autres. Mais pour raser les cheveux du front, je peux me débrouiller tout seul. J'ai été aidé jusqu'au moment où j'ai pu m'occuper tout seul de mes propres affaires.

On peut avoir besoin des autres. Mais à un certain moment, il faut prendre soi-même les choses en main. On ne peut pas toujours dépendre des autres.

[114] Voi r aussi n°98 et n°99.

2.4 Réalisme et humilité

241. Mo jungo jeyi jawo

C'est celui qui a un bras qui possède le bracelet.

Kul jungo walaa, jawo fu walaa. A waawataa jawo kul a walaa jungo. A waawataa huunde maawðum kul a walaa semmbe majjum.

S'il n'y a pas de bras, il n'y a pas de bracelet. Tu ne peux pas porter un bracelet si tu n'as pas de bras. Tu ne peux pas entreprendre quelque chose de grand, si tu n'en a pas la force.

Il faut agir toujours en fonction de ses propres forces. Il faut montrer de la modération et du réalisme dans ses propres désirs.

242. Mbarooga ngo'ota duratаa saabeeje ðiði

Une seule antilope ne pâture pas deux riches herbes (*Panicum laetum*) (au même temps).

Neððo no yirri fi fu, say yaabra seese.

Il faut se comporter calmement (avec modération), malgré notre grand désir pour quelque chose.

Appel à la modération et la rétenue.

243. Hunnduko wo'oto wuufataa gelleeji ðiði

*U*ne seule bouche ne mange pas deux fruits de rônier (au même temps).

Variante du proverbe précédent.

244. Nyuðora sabaraahi faa piða lelwal

Marche sur la pointe des pieds jusqu'à l'arbuste (pour t'y cacher), pour ensuite tirer la gazelle.

Keɓa pamarum faa kepta mawðum.

Obtiens ce qui est petit jusqu'à obtenir ce qui est grand.

Atteindre avec patience nos objectifs.

245. Maɓɓi golel, maɓɓaay golel

Ouvert à moitié, pas ouvert à moitié.

To a turake, endu yi'aama. To a darake, endu yi'aama. Neððo e yiði huunde, boo ðum nafaay mo, gam o waawaay ðum

On voit (les fesses) quand on est couché et quand on est débout. Quelqu'un veut fortement une chose, mais cette chose ne lui est d'aucune utilité, puisqu'il n'en est pas capable.

Formulation obscure. On fait allusion à un enfant habillé d'une petite chemise, qui n'arrive pas à le couvrir proprement. Que le pauvre se contente du peu plutôt que de rêver d'obtenir l'impossible. Ce proverbe aussi suscite l'hilarité à cause de l'utilisation de l'image grossière sous-entendue – le pronom *ndu* se réfère à *mbuudu*, cul, fesses (voir aussi n°322).

246. Yar ndiyam dey-dey e reedu ma

Bois l'eau en fonction de ton ventre.

Koomo'e tefa ko fotata e baawde mum. Ɓurðum semmbe ma fu, ta' raar ðum!

Que chacun puisse poursuivre ce qui correspond à ses propres capacités. Ne recherche surtout pas ce qui est au-delà de ta force !

A l'intention de ceux qui s'embarquent dans des entreprises qui sont au-dessus de leurs forces.

247. Dimngal fu deydey e jomum

Tout poids en proportion de celui qui le porte.

Même signification que le proverbe précédent. On ne doit pas essayer de porter des charges supérieures à nos forces ou de faire des choses qui dépassent nos capacités.

248. Jungo hoƴataa ko resaay

Une main ne prend pas ce qu'elle n'a pas mis de côté.

Neððo raaratаa ko o waawataa : koomo'e e baawde mum

On ne recherche pas ce qui est au-delà de nos capacités.

Il faut connaître ses propres limites.

249. Nofru waaltataa

Une oreille ne se couche jamais à jeun.

Neððo wakkasi fu no naney habaru goððum ko o nanaayino.

On apprend toujours quelque chose dont on n'était pas au courant.

Pas de limites à la connaissance. On peut toujours apprendre quelque chose dans la vie.

250. No duɓɓol mawniri fu e hoonyoldu iwi

Grand qu'il soit, le palmier sort bien d'un (petit) noyau.

Neɗɗo no mawniri fu e goɗɗo iwi, ɓurɗo mo. Neɗɗo no riskiri fu, risku mum e goɗɗo iwi. Neɗɗo no sembidiri fu, semmbe mum goɗɗo hokki ɗum.

Même si on est grand, on vient toujours de quelqu'un d'autre, de quelqu'un qui est encore plus grand que nous. On peut être riche, mais on a bien reçu cette richesse de quelqu'un d'autre. On peut être fort, mais quelqu'un d'autre nous a donné cette force.

Proverbe adressé aux prétentieux et aux orgueilleux.

251. Iwa e juuɗe, koota e juuɗe

Venir des mains, retourner aux mains.

Nyannde ndimeeɗa, juuɗe nanngu ma, juuɗe ƴeeftu ma, looti ma. Nyannde maayde ma, juuɗe kadima no lootete, no ƴeeftete, no uwete nder lesdi. Daga juuɗe say juuɗe.

Le jour de ta naissance, ce sont des mains qui t'ont saisi, qui t'ont soulevé, qui t'ont lavé. Et le jour de ta mort, ce sont des mains aussi qui te laveront, te souleveront et t'enterreront. Des mains jusqu'aux mains.

On rappelle la destinée de toute être humain ou la dépendance des autres, puisque un nouveau-né est accueilli par des mains au moment de la naissance et un défunt est lavé et enterré par des mains au moment de la mort. On dépend des autres de la naissance à la mort.

252. Mo heppayi kosɗe dasortaako reedu

Celui qui a des jambes ne se traine pas sur le ventre.

Jaɓɗo semmbe mum heɓata ko nafata mo. Dilluɗo dow ɓium yehi to ɓi goɗɗo, amma ɓi goɗɗo nafataa ma.

Celui qui accepte sa force obtient ce qui lui est profitable. Ne pourra pas être comblé celui qui n'a plus confiance en son propre fils et qui se tourne vers le fils d'autrui.

Au-delà de la première signification (préférer toujours les liens avec les plus proches), le proverbe enseigne une vertu essentielle : il faut s'accepter comme on est, sans se dévaloriser ni s'agrandir.

253. ***Daamooru wi'i : Allaa reeni deentiiɗo***

Le varan a dit : Dieu protège celui qui se protège.

Allaa no walley mballiiɗo hoore mum. Kul neɗɗo wallaay hoore mum, Allaa ma wallataa mo.

Dieu aidera celui qui s'aide. Si quelqu'un n'a pas aidé soi-même, Dieu ne l'aidera pas.

On fait allusion à un conte connu dont le personnage central est le varan (animal très débrouillard). Il ne faut pas toujours attendre l'aide des autres. Il faut compter sur ses propres forces. Comme le proverbe français : « Aide-toi et le ciel t'aidera ».

254. Jungo meere hooƴataa yiite

Main nue ne saisit pas le feu.

Say neɗɗo resi goɗɗum ko hooyrata yiite : to ɗum sakkawol,to ɗum teenagel, to ɗum lesdi e jungo mum. No njirruɗa huunde fu, a heɓataa ɗum kul a walaa semmbe majjum

Pour saisir le feu (les braises) il faut un instrument : un bout de chiffon, un petit morceau de bois ou un peu de terre dans la main. Malgré ton désir, tu n'obtiendras pas ce que tu veux si tu n'en as pas les moyens.

255. Haanya hakkilla e ɓuri no neɗɗo rimda

Etre fou et s'assagir vaut mieux que garder (cette intelligence) qu'on avait à la naissance.

A jaɓaay sampaneego : a waɗi kaanya, fa a yari bone majjum. Jo'oni a ƴoƴƴi: ƴoyre nde' e ɓuri arannde. Jo'oni wanaa dow ka goɗɗo njaɓɗa ɗum, amma dow a nani nawɗum. A ɗalaay gam duuniya, amma gam bone

Tu n'as pas accepté le conseil des autres: tu as eu un comportement de sot jusqu'à en supporter toutes les mauvaises conséquences. Maintenant tu es devenu plus sage et cette sagesse vaut plus que celle d'autrefois. Tu as accepté de changer non pas à partir des conseils des autres, mais à partir de ta propre expérience douloureuse. Ce n'est pas à cause des autres que tu as changé d'attitude, mais à cause de ce que tu as souffert.

Au sujet de la valeur inestimable des leçons qu'on apprend personnellement.

256. Torrotooɗo e ɓuri gujjo

Un mendiant vaut plus qu'un voleur.

L'acte de mendier est honteux. Pourtant, la honte de mendier est relative par rapport au déshonneur bien plus grand de voler. [115]

257. Mo holaay holtataa

Celui qui ne manque pas d'habits ne cherche pas à s'en procurer.

Mo holaay soodataa kolte goɗɗe, ilaa kihide nde'aayi. Ko walaa sagali huunde raarataa ɗum

Celui qui a encore de bons habits, ne cherche pas à en acheter d'autres. Tu ne cherches pas à obtenir ce dont tu n'as pas besoin.

On ne doit pas entreprendre des actions inutiles.

258. Fu ko reedu

Tout (est bon) pour le ventre.

Ko kokkeeɗaa fu, jaɓ ɗum, ta' sal, gam keɓal fu no booɗɗum.

Accepte tout ce qu'on te donne, ne le réfuse pas, parce que tout gain est bon.

Expression assez laconique. Quand on a vraiment faim, toute nourriture – sans considération de son goût – est bonne dans la mesure où elle peut remplir le ventre. Il ne faut jamais réfuser un gain, même le plus petit.

259. "Mi heɓi seɗɗa" e ɓuri « mi heɓaay koo seɗɗa »

"J'ai gagné un peu" vaut plus que "je n'ai gagné même pas un peu".

Comme le proverbe précédent. Savoir se contenter du peu qu'on a pu obtenir. C'est la sagesse du pauvre. Voir aussi n°294.

260. Koorongel baggi maayo

La petite (antilope) assoiffée a contourné la rivière.

Kul mo yaraay ndiyam yehaay to ndiyam woni, say goɗɗum maawɗum haɗii mo.

Si celui qui n'a pas bu (et qui a soif) n'est pas allé là où il y a de l'eau, c'est parce que quelque chose d'important l'a empêché.

---

[115] Voir aussi R. Leger & A.B. Mohammad (2000) p. 305.

Il y a toujours une raison même pour les comportements apparemment les plus irrationnels. Il ne faut pas se presser à juger les comportements des autres, même si parfois ils nous apparaissent étranges.

3. LES MECHANTES MANIERES

3.1 Mensonge, médisance et duperie

261. Fewre haɓɓataa kaaŋaaðo

Un mensonge ne peut pas attacher (maîtriser) un fou.

Gam a fewi fu, fewre ma waawaa hunde.

Tu mens, mais ton mensonge est impuissant.

Toute entreprises basée sur le mensonge n'aboutira à rien.

262. Fewa heɓa, fewa heppa

Mentir-gagner, mentir-perdre tout.

To a fewi, a anndaa ko sakkitorto gaða fewre ma : a anndaa a heɓey, a anndaa a heppa. Kaðima, keɓal fewre neeɓataa

Quand tu mens, tu ne sais pas ce qui va se passer après ton mensonge : tu ne sais pas si cela te permettra d'obtenir (ce que tu veux) ou bien de le perdre. De plus, le gain obtenu grâce au mensonge ne durera pas.

Comme le proverbe précédent.

263. Kul ki yuwaay, ki gurzake

Même si (l'arbre) épineux ne t'a pas piqué, il t'a égratigné.[116]

Neððo wolwaay, amma duuniyaaru fu annditi kaye o yiði wi'igo, ðume woodi nder ɓernde makko. O wolwaay, amma o wi'i ka.

Quelqu'un n'a pas ouvert la bouche, pourtant tout le monde a compris ce qu'il voulait dire, ce qui était dans son cœur. Il n'a pas parlé et pourtant il a dit la parole.

Proverbe évoqué au sujet de tous ceux qui savent cacher leurs mauvaises intentions sous des comportements faussement aimables. On finira toujours par découvrir ce qu'ils ont dans leur cœur.

[116] D'une manière générale, le pronom *ki* se réfère à *teenaaki,* arbre. Ici il se réfère probablement au *Balanites aegyptiaca*, un épineux très commun au Sahel (appelé *adduahi* ou *tanni*).

264. Fewre nyaamataa luumo

Le mensonge ne va pas au marché.

Kul a jogaaki, a yahataa luumo. Kaɗima, kul a yehi a walaa koomi, duuniyaaru no jalete, gam 'a waɗi luumo kareeru'.

Tu ne vas pas au marché si tu n'as rien. Et si tu y vas sans rien, tout le monde se moquera de toi et dira que tu as fait 'le marché du chien'.

Mépris de toute forme de comportement ambigu, trompeur et sournois. Voir aussi n°215.

265. Fewre walaa kosɗe

Le mensonge n'as pas de jambes.

Fewre yahataa kul na no yahra. Nde dillataa feere mum: say joomiire

Un mensonge ne peut pas aller loin, à moins d'être amenée (par quelqu'un). Elle ne voyage pas tout seule, il lui faut son propriétaire (le menteur).

Au sujet de ceux qui colportent des mensonges, des bavardages et des commérages au sein de la communauté.

266. Fewre doggataa

Le mensonge ne court pas.

Même sens que le proverbe précédent.

267. Fewre e fata, ɓendataa

Le mensonge mijote, mais ne cuit pas.

Le mensonge ne conduit nulle part, ne donne pas de résultats, comme un plat qui ne peut pas être cuisiné jusqu'au bout.

268. ***Fewre hoowataa neɗɗo***

Le mensonge ne marie personne.

Mo walaa koomi, o wi'ey o waɗey wuro, boo wuro walaa to warata. Njiɗɗo waɗgo huunde, boo o walaa semmbe majjum.

Quelqu'un qui ne possède rien affirme qu'il va se marier et pourtant il n'a pas les moyens lui permettant d'aboutir. (Cela se dit quand) quelqu'un veut entreprendre un projet, sans en avoir vraiment les moyens.

Comme les proverbes précédents.

269. Ngaska fewre luggaa

Le trou du mensonge n'est pas profond.

Neɗɗo no yi'ey iyaaka ngaska fewre. To neɗɗo fewi, ila naange mutaay, fewre makko no annditete, gam to neɗɗo dilaama, no majjey.

On peut facilement voir le fond du trou du mensonge. Si quelqu'un a menti, son mensonge sera reconnu avant le coucher du soleil. Quand on mettra le menteur devant ses propos, il sera confondu.

On finit toujours par dévoiler un menteur.

270. Ka waɗey ladde, ka wartey e duggaande

(La parole) est d'abord partie vers la brousse, puis elle est revenue vers la maison.

Nyo'ore halkataa. Gam to a nyo'i goɗɗo, nde' nyo'ore no wartey dow hoore maaɗa.

La calomnie ne disparaît pas. Tu as calomnié quelqu'un, mais cette calomnie se retournera contre toi-même.

Nos mauvaises actions finiront toujours par revenir à nous pour nous frapper de très près, et nous en paierons les conséquences. A l'intention de ceux qui répandent des rumeurs au sein de la communauté. [117]

271. Goonga uni li'o

La vérité a pilé les feuilles de la sauce.

Nyiiri defaama, amma waɗanaaka li'o : gam a nyaami fu, seɗɗa nyamata. Ndeehan, jonto, doole mbaɗa li'o gam keɓa njara ɗum : nden goonga uni li'o ! Ngoɗka haala wi'aama, amma a jaɓaay ka. Amma gaɗa ɗo, ka warey, nden a jaɓey ka.

La bouillie a été préparée, mais on n'a pas préparé la sauce : tu mangeras la bouillie, mais en fait tu en mangeras très peu (parce que sans sauce, elle n'a pas de goût). Le lendemain, tu es bien obligé de préparer la sauce pour pouvoir manger ta bouillie. C'est alors qu'on dit que « la vérité a pilé les feuilles de la sauce ». On a tenu certains propos que tu n'as pas accepté de premier abord. Par la suite, cependant, tu es bien obligé d'accepter la réalité.

[117] A proprement parler, le terme *duggaande* désigne l'endroit désherbé et balayé (du verbe *dugga*) de l'enclos familial d'un campement. C'est le « chez soi », l'espace arraché à la brousse, pour former un enclos, et non pas un abri, délimité par des branches, ouvert vers l'ouest.

La vérité aura toujours son dernier mot. Le mensonge et la rumeur ne conduisent nulle part. Proverbe évoqué au moment où enfin un mensonge a été dévoilé et le menteur confondu.

272. No ndiyam luggiri fu, e woodi njaareendi

Il y a du sable fin même dans l'eau la plus profonde

Même signification du proverbe précédent. La vérité finira par éclater.[118]

273. Njaɓɗo sampaneego sampante

On ne conseille que celui qui accepte d'être conseillé.

On donne des conseils à ceux qui ont un esprit ouvert. C'est une manière indirecte de critiquer les orgueilleux, les dédaigneux et les prétentieux.

3.2 Ingratitude et égoisme

274. Yettoore Alla mura faaɓru

Le remerciement de Dieu est comme la grippe du crapaud.

Observation comique au sujet de ceux qui ne savent pas montrer leur reconnaissance et gratitude vis-à-vis des autres : leur remerciement est aussi rare qu'un crapaud enrhumé.

275. Yarne kosam, yarnita ƴiƴam

Recevoir du lait, restituer du sang.[119]

Mbaɗanɗo ma yehere, a waɗani mo ko wooɗaa. Kokkuɗo ma mbelka, a hokki ɗum naawka.

Tu as rendu du mal à celui qui avait pourtant été généreux envers toi. A quelqu'un qui t'avait adressé (donné) une parole agréable, tu as adressé (donné) une parole méchante.

Proverbe à l'intention de ceux qui ne savent pas être reconnaissants.

276. Jurungel woni monningel

C'est (la petite chevre) dont on a eu pitié qui nous fera souffrir.

[118] Voir R. Leger & A.B. Mohammad (2000) p. 303

[119] Du verbe *yara,* boire : *yarna*, donner à boire ; *yarnita* : redonner à boire à son tour.

Bi mbe'a e haɓɓa, faa a nani jurumdum majjum. Daga a yoofey ngel. To a yoofi ngel, no waɗey ga nyaargo, a yarey bone gaɗa maggel, faa a yeggitey jurumdum aranum fu, nana mone maggel tan.

La petite chevre est attachée (à un piquet) et tu as fini par avoir pitié d'elle. Alors tu la détaches. Mais, par la suite, elle commence à courir et tu vas avoir beaucoup de peine pour la rattraper. Alors tu oublieras ta première pitié, tu éprouveras seulement du dépit envers elle.

A partir d'une image pastorale, le proverbe exprime le dépit pour l'ingratitude et le manque de reconnaissance de ceux auxquels on a pourtant montré de la générosité. Voir aussi n°186.

277. Wayre e ɗowdi, hoota e naange

Laissé à l'ombre, de retour dans le soleil.

A waɗino yehere, koowa do'amake ma. A sakkitake kaɗima dow ko mbannoɗa, daga a wenjake ɗum, a teeti ɗum, a haaɗi ɗum. A wurtoyake ndi' dowɗi to ton ngonnuɗa, a warti nder naange. Ngonnooɗo yehere, gaɗa ɗo o so''ito e yaande.

Tu avais été généreux et tout le monde avait été reconnaissant. Mais, par la suite, tu as changé, et tu as enlevé, arraché et empêché. Tu es alors sorti de l'ombre dans laquelle tu te trouvais et tu es entré en plein soleil. A l'intention de quelqu'un qui a été généreux et qui par la suite a changé et est devenu ingrat.

On finit toujours par connaître la mauvaise nature de quelqu'un.

278. Hokka-joɓo

Donne-retire

A joɓake ko kokkunoɗaa yam. Daga a semti. Daga mi yimante.

Tu m'as retiré ce que tu m'avais donné. Mais après tu as eu honte (d'avoir fait cela). Et alors je dis mon refrain pour toi.

La honte de ceux qui ne savent pas être généreux, qui ne savent pas aider les autres correctement. Alors on dit qu'ils ont fait « le donne-retire ».

279. Ɖiɗi : teete

Deux (deuxièmement) : être dépouillé.

Arannde a hokkino yam goɗɗum. Kaɗima gaɗa ɗo a teeti am ɗum. Arannde fu mi hokka, nden mi teeta.

Autrefois tu m'avais donné quelque chose. Par la suite tu me l'as arrachée. D'abord, j'avais reçu et puis j'ai été dépouillé.

Ce proverbe utilise une construction basée sur la numérotation et un jeu de mots : deux - trois (*ðiði / tati*) ; trois – arracher (*tati / teeta)*. Proverbe qui évoque l'étrange comportement des faux frères, ceux qui font semblance d'être généreux et qui, par cupidité, reviennent sur leurs promesses. Cela rappelle le proverbe français : « Donner c'est donner, reprendre c'est voler ».

280. Hokka lu'al, jogo ɓokkorde

Donner la corne (de la vache), retenir la queue.

Neððo kul hokki, amma hokkidaay, nanndi e ko hokkaay.

Si quelqu'un donne sans donner complétement, c'est comme s'il n'avait pas du tout donné.

Même sens que le proverbe précédent. En utilisant la métaphore du prêt de la vache *haɓɓana'e* (voir aussi n°387*)*. On utilise aussi ce proverbe pour caractériser ceux qui font preuve de duplicité et d'hypocrisie.

281. Belðum yiðeego, mettuðum wanyeego

Bonheur d'être aimé, malheur d'être haï.

Les deux conséquences logiques de deux manières d'agir : l'amour ou la haine des autres. Il n'y a pas d'alternative.

282. Sawru ndu njogiðaa, kayru fi'irata

C'est le même bâton qui était dans ta main qui frappe.

Kama mbaðanaan goððo yehere. Gaða ðo, o so''ake, o waðante yannde. O fi'irii ma e yehere ma, o fi'iru ma e ko kokkuðaa mo, o fi'iru ma e sawru ndu kokkuðaa mo. Tagu woowii ðum ma, to a haðii mo nde go'o, o huðete, o haɓete.

Tu t'es montré généreux avec quelqu'un. Mais par la suite, cette personne a change et a commencé à te rendre du mal. Elle te frappe malgré ta générosité, elle te frappe avec ce que tu lui avais donné, avec le même bâton que tu lui avais donné. Quelqu'un s'est habitué à tes biens et quand un jour tu (arrêtes) de lui donner (tes biens), il te haïra, il se disputera avec toi.

Proverbe qui est évoqué devant l'insupportable ingratitude et égoïsme de certaines personnes.

283. « Min njeyi » e ɓuri « en njeyi »

«C'est à nous » vaut plus que « c'est à nous tous ». [120]

Au sujet de l'attitude des égoïstes.

284. Mane mbaɗɗum, saara kirke

Monture louée, selle remplie d'excréments.

Mbaɗanaaɗo yehere bonni yehere

Celui qui avait bénéficié d'un acte de générosité a abîmé la générosité. Par une image crue, on ridiculise les ingrats, qui ne rendent pas le bien pour le bien, mais le mal pour le bien.

285. Neɗɗo no narri belɗum fu, mooɗataa ɗemngal mum

On n'avale pas sa propre langue, malgré le plaisir qu'on éprouve (en mangeant).

Nyannde keɓɗa ko njiɗnooɗa, nyannaan a yaɓrey seese : ko keɓɗa fu, mooɗataa ɗum, say nji'a ɗum e yitere, ɓernde de''iti. Amma kul a heɓaayno, ɗum suhulete, a yawdani ɗum, ɓernde de''itaay

Le jour où tu as obtenu ce que tu désirais, ce jour-là il faudra que tu restes tranquille. Tu n'avaleras pas tout ce que tu as obtenu, tu le regarderas avec ton œil, mais ton cœur restera tranquille. Pourtant, si tu n'avais pas obtenu (ce que tu désirais), tu aurais été tracassé, tu aurais été pressé (de l'obtenir), ton cœur ne serait pas resté tranquille.

Adage comique à l'intention de tous ceux qui ne savent pas mettre une limite à leurs désirs et ne savent pas montrer de la modération.

286. Tagu no yirri nyiiri fu, wi'ataa gahere « kaawu ».

Même si on n'aime beaucoup la bouillie de mil, on ne s'adressera tout de même pas à la marmite en l'appelant « oncle ».

Keerol yiɗɗe gahere nyiiri. To nyriiri walaa, ko mbatta e gahere ? Keerol yiɗɗe huunde eɗum wooɗi. To woɗɗe walaa ko mbatta ɗum ?

La raison d'aimer une marmite c'est qu'elle contient de la boullie de mil. Mais s'il n'y a pas de boullie de mil en elle, qu'est-ce que tu peux bien faire d'une

[120] Dans la langue fulfulde, il y a deux pronoms personnels « nous » : d'une part, le « nous inclusif » (*en*) qui comprend la personne à qui on s'adresse ; et, d'autre part, le « nous exclusif » (*min*), qui ne comprend pas l'interlocuteur. Voir aussi H. Gaden (1931) n°496

marmite ? Il y a une limite à l'amour d'une chose. Si une chose n'est pas bonne (utile), qu'est-ce que tu peux bien en faire ?

Comme le proverbe précédent, avec la même sagacité. [121]

287. Tah, miɗo yo'ora

Lèche, je suis en train de sécher.

Tago sorki e maaɗa, bo ɓernde makko wooɗaa, ɓernde makko laaɓaa e maaɗa. O baɗete wanaa gam yiɗɗe, amma gam o heɓa ɗum ma. A wadani mo ' tah miɗo yo'ora' : emo heɓa emo taha, boo o waɗante booɗɗum.

Une personne s'accroche à toi, mais en fait son cœur n'est pas bon, son cœur n'est pas clair vis-à-vis de toi. Cette personne s'approche de toi, non pas parce qu'elle t'aime, mais parce qu'elle désire ce qui t'appartient. Alors on dit que tu lui as fait « lèche je suis en train de sécher » : il obtient de te lécher, mais il ne se comporte pas bien vis-à-vis de toi.

Au sujet du comportement de l'ingrat.

288. Sappaanga annditaay, koo no loƴa annditataa

Celui à qui on a montré (quelque chose) du doigt n'a rien vu, et même si on lui met le doigt dans l'œil, il ne la percevra pas.

Kul tagu walaa kiima, o hiimataako o raara. To goɗɗo waɗani mo huunde, o annditataa. O anndaa mbaɗaneyɗo mo yehere, o anndaa mbaɗaneyɗo mo yannde. Kanko o ruugi tan.

Celui qui n'est pas attentif aux autres ne se soucie pas de (les) regarder. Si quelqu'un lui fait une faveur, il ne s'en aperçoit pas. Qu'on lui fasse du bien ou du mal, il ne s'en apercevra pas. Lui, il ne fait que continuer à marcher (sans s'occuper des autres).

Image comique pour représenter le comportement de l'égoïste, de celui qui, épris de lui-même, ne fait pas attention aux autres.

289. Hoɗa ngo, yeeƴo ngo

Camper dans ce (campement), retourner le regard vers ce (campement).

A hoɗanake goɗɗo, amma a raari kore makko. A nyaami amaana. A waɗani mo "hoɗa ngo yeeƴo ngo".

---

[121] Voir H. Tourneux- D. Yaya (1998) p. 523.

Tu t'es rendu au campement de quelqu'un (tu as été accueilli comme un hôte), mais en fait tu recherchais sa femme. Tu as mangé l'amitié. Tu lui as fait « camper, retourner le regard » !

Image de l'ingrat et du traître. Métaphore de toute attitude ambiguë vis-à-vis des autres.

290. Hokka iri, wanyane karmamol

Donner la semence d'une variété (de mil), se voir refuser les feuilles de la tige.

Mi hokki ma fii, fa ɗum ɓesɗake a jungo maaɗa. Gaɗa ɗo a haɗey am koomi ɗum majjum.

Je t'ai donné une chose, elle s'est multipliée chez toi. Et puis tu me refuses même une petite portion de cette chose.

L'ingratitude et le manque de reconnaissance.

291. Hokka jungo, nannge e sosɓundu

Donner la main et être retenu par le coude.

Goɗɗo, o hokki ma huunde. Kanko ma, o yawi ɗum, gam o heɓa ko ɓuri ɗum

Tu as donné quelque chose à quelqu'un. Mais lui, de son côté, il n'apprécie pas ton don, parce qu'en fait il veut obtenir quelque chose d'encore plus grand.

On dit ce proverbe devant l'avidité et l'insatiabilité des autres.

292. Duka jaɓa

Faire du bruit et répondre

Wolwa feere ma e ƴamtitimo. Hakkunde maaɗa e hunnduko ma tan.

Parler tout seul et répondre toi-même à tes questions. Entre toi et ta bouche seulement.

A propos des égoïstes, qui se mettent au centre du monde, se ferment aux autres et ne savent parler qu'avec eux-mêmes.

293. Geeto mo duniya fu, janɗo mo inna e baaba

Le bon appartient à tous, le méchant appartient à sa mère et son père.

Koowa yiɗi geeto, amma janɗo inna e baaba tan njiɗi ɗum.

Tout le monde aime celui qui est bon, alors que le méchant est aimé seulement par sa mère et son père.

Le terme *geeto* exprime le bon, l'altruiste, le généreux, le bienveillant. Le terme *janðo* est tout le contraire, le méchant, l'égoiste, l'ingrat, le malveillant.

294. Goða iilel e nyiɓel

Une petite lueur est préférable à une petite obscurité.

Joga seðða faa kewta ðuuððum. Huunde no ɓoldiri fu e ɓuri keppa muuðum. Keɓðo seðða e ɓuri mo heɓaayi. Keɓðo seðða heɓi ðuuððum. Bone woni siya keɓal.

Garde fortement le peu (que tu as) jusqu'à ce que tu pourras atteindre la quantité. Il est préférable d'avoir ce qui ne vaut pas grand-chose que de n'avoir rien du tout. Celui qui a peu vaut plus que celui qui n'a rien. Celui qui a obtenu peu a déjà obtenu beaucoup. Le malheur c'est de n'avoir rien du tout.

Dans la vie il faut toujours se contenter du peu qu'on possède. Rien n'est méprisable. Un petit bonheur est toujours un bonheur. Voir aussi n°259.

295. Yiðango hoore mum, woofango bannðum

Vouloir pour soi, délaisser l'autre.

Bii tagu fu emo yiðani hoore mum, boo o yiðaa banndum heɓa. Neððo fu keɓal hoore mum tan suhuli ðum

Toute personne désire pour soi-même et ne veut pas que les autres gagnent. Chacun est tracassé uniquement par son propre profit.

Comme le proverbe précédent. Chacun pour soi et tant pis pour les autres : c'est comme la devise des égoïstes et des ingrats.

296. June-jaɓa

Donner-reprendre.

Neððo kammi hokkeego, boo hokkaaka, o esta tan.

Quelqu'un a pensé qu'on allait lui donner quelque chose, mais en fait on ne lui a rien donné. Il a été berné.

Proverbe à l'intention de ceux qui ont des comportements égoïstes et hypocrites.

297. Waɗi sappo e tati

Il a fait treize.

Neɗɗo a hokki ɗum, o tokku ma e torro ma. Daga a teetey mo ko kokkunoɗa mo.

Quelqu'un à qui tu as donné quelque chose te suit tout le temps et te supplie (de lui donner encore plus). Et alors tu lui arraches tout ce que tu lui avais donné auparavant.

Proverbe obscur (se référant probablement à un ancien conte). De manière imagée, on évoque quelqu'un qui, ayant été trop importun et envahissant dans ses sollicitations, finira par tout perdre. C'est alors comme la goutte qui fait deborder le vase.

298. Njawɗo no gujjio

Celui qui méprise est un voleur.

Koowa yawi wuji. Mi hokki ma seɗɗa, a yawi ɗum, ngan aɗun seɗɗiri bo ko ɗuuɗi njiɗɗa.

Tous ceux qui méprisent (un don) sont des voleurs. Je t'ai donné un peu et tu as méprisé ce que je t'ai donné, parce que cela était trop peu à tes yeux et tu voulais avoir beaucoup.

A l'intention de tous ceux qui ne savent pas montrer leur reconnaissance envers les autres et qui ne sont jamais satisfaits.

299. *Ɓurɗo semmbe teetata*

C'est le plus fort qui arrache de force.

Constatation amère au sujet du comportement des puissants et des arrogants.

3.3 Sottise et vanité

300. Yoofu-ÿuuɓre nanngaay kineewol

Celui-qui-a-lâché la bosse (du bœuf porteur) n'a pas saisi la bride.[122]

A heppi aranum, a heɓaay goɗɗum ma.

Tu n'as plus ce qui tu avais avant, tu n'as pas obtenu quelque chose d'autre.

[122] Voir aussi n°87.

Quand on monte un bœuf porteur, il faut saisir la bosse ou alors tenir la bride, mais il ne faut pas lâcher la bosse avant d'avoir saisi la bride. Ce proverbe sert à caractériser une situation d'un impasse total, dans laquelle on n'a plus les choses qu'on avait l'habitude d'avoir et on n'a pas encore pu obtenir ce qu'on voulait en échange. C'est une image très évocatrice de l'attitude des sots et des imprévoyants.

301. Mo yiɗaa ƴiƴam yahataa fahordu

Celui qui n'aime pas le sang ne va pas à l'abattoir.

Kul a yiɗaa mettameego, a yahataa ton to duuniyaaru ngoni. Kul a yiɗaa wujeego, a yahataa lesdi wuyɓe.

Si tu ne veux pas être basculé, tu ne vas pas aller au milieu de la foule. Si tu ne veux pas qu'on te dérobe, tu ne vas pas aller au pays des voleurs. [123]

Constation cynique au sujet de ceux qui doivent être prêts à payer les conséquences de leurs choix et de leurs agissements.

302. Luumo haarataa

Un marché n'est jamais rassasié.

Luumo, ko ngadduɗa fu, no soodey ɗum, no halkey ɗum. Tago bonnoo jawdi mum ba luumo wa'i : wonnere makko walaa keerol, o ɗalataa say nyannde semmbe mum fu re''i.

Au marché, tout ce que tu y portes sera vendu ou perdu. Une personne qui gaspille ses propres biens ressemble à un marché : pas de limites à son pouvoir de destruction. Il ne s'arrêtera que lorsque toute sa force aura été épuisée.

A l'intention de certaines personnes qui, par leur sottise et leurs agissements insensés, gaspillent tous leurs biens.

303. Dicco-fiɗa

S'accroupir-tirer (son arc)

Waane no jaawɗiiɗo : « dicco fiɗa » tan o waɗata, amma o anndaa toy o fiɗata.

Un Tel est pressé: il ne fait que « s'accroupir et tirer », alors qu'il ne sait même pas ce qu'il est en train de tirer.

---

[123] Voir aussi le proverbe haousa : G. Merrick, op. cit. 1905, n°75.

Critique de toute attitude pressée, précipitée, comme celle du chasseur qui tire avant même d'avoir repéré son gibier.

304. Ndiyam wawnyi re'eti

L'eau a bouilli et s'est évaporée complétement.

On a laissé bouillir l'eau d'une marmite, jusqu'à ce que toute l'eau s'est évaporée : métaphore de toute action maladroite.

305. Nduføam walaa to kareeru nyaari

Il n'y a pas de (lait) versé là où le chien a couru.

Le comportement du chien qui court là où le lait s'est répandu par terre est le symbole du comportement du sot et du vaniteux.

306. Kalki kippiri

Saillie du taureau aux cornes en roue.

Image pastorale par excellence: on n'aime pas la saillie du taureau à longues cornes renversées vers le bas (appelé *ngaari kippiri*) : on pense qu'il donnera une descendance laide. Métaphore d'une action maladroite, comme par exemple celle d'inviter quelqu'un chez soi, alors qu'on n'a rien pour le nourrir.

307. Ariti ndu hoowooɓe

Devancer la nouvelle concernant les mariés.[124]

Koobgal, habaru mum waɗi ila koobgal waɗaay. Habaru huunde arti huunde ila ndu waɗaay. A waɗi habaru jahangal goɗɗo, bo o ummaaki taw. Habaru jawɗum fu ilaa huunde waɗaay.

On a donné la nouvelle de ce mariage alors que le mariage n'a pas encore été fait. La nouvelle d'un événement a précédé l'événement lui-même. Tu as rapporté la nouvelle du voyage de quelqu'un, alors que le voyage n'a pas encore été fait. Au sujet de toute nouvelle pressée, alors que l'événement ne s'est pas encore produit.

Avec une image savoureuse, le proverbe châtie toute forme de manque de prudence et de retenue. Moquerie de ceux qui ont « une parole pressée » (*haala*

[124] Le pronom *ndu* se réfère à *habaru*, la nouvelle.

njaawka), qui parlent avant même d'avoir réfléchi.[125] Proche du proverbe français : « Il faut tourner sept fois sa langue dans sa bouche avant de parler ».

308. Mo waawaa ndiyam fungataa maayo

Celui qui ne sait pas nager ne traverse pas le fleuve.

Kul neɗɗo waawaa ndiyam fungi maayo, no yooley. Kul neɗɗo walaa semmbe huunde, o ɗala.

Si quelqu'un qui ne sait pas nager traverse le fleuve, il se noyera. Si quelqu'un n'a pas les capacités de faire une chose, qu'il arrête.

Qu'on arrête de faire ce qui est au-delà de nos capacités.

309. Ɓir nagge, taƴ heddere

Trais une vache, coupe son pis.

To a ɓiri nagge, kul a taƴƴi heddere magge, a hornaay heɓgo kosam e magge. Kul goɗɗo nafi ma, boo gaɗa ɗo a waɗani mo ko woɗaa, a hokkaay mo goonga, nde go'o o yaltataa hokkugo ma goɗɗum. To mbaɗanaaɗo ko wooɗi so'i waɗi bone, say neɗɗo wi'a: "Waane waɗi "ɓir nagge, taƴ heddere".

Si après avoir trait une vache, tu lui coupes le pis, tu n'auras jamais plus de lait de cette vache. Si tu as fait du mal à quelqu'un qui a été généreux envers toi, ton comportement a été mauvais et cette personne ne sera jamais plus généreuse avec toi. Ainsi, de quelqu'un qui ne s'est pas comporté correctement vis-à-vis de ses amis, on dira: Un Tel a fait « trais la vache, coupe le pis ».

On se moque de celui qui ne sait pas modérer ses désirs.

310. Faaɓru ŋatataa, amma welaa nder deɗo.

Un crapaud ne mord pas, mais il n'est pas agréable de l'avoir dans sa culotte.

Faaɓru woni ɓaɗiiɗo ma fu mo waɗanaay ma ko wooɗaa, amma miiliɗo ko wooɗaa faro maaɗa. Jungo mum fi'aay ma, amma ɓernde makko laaɓaa e maaɗa.
Le crapaud figure celui qui se tient près de toi, qui ne t'a pas encore fait du mal, mais qui envisage de le faire. Sa main n'a pas frappé, mais son cœur est plein de haine envers toi.

[125] Voir aussi le n°207.

Le crapaud est ici le symbole du faux frère. Il faut se méfier de ennemis qui viennent sous des faux-semblants. [126]

311. ***Baɗɗo bone kam jeyi bone***

Le malheur appartient à celui qui l'a fait.

Kul a waɗi bone, a finndey a majjum, a yintidey a majjum, kadima bone no ya'ante. Kul a waɗi bone, bone e dow hoore ma.

Si tu as fait du mal, tu te réveilleras avec lui, tu passeras la journée avec lui et le mal sera avec toi le soir. Le mal que tu as fait est sur ta tête (sur toi).

Chacun est totalement responsable du mal qu'il fait.

312. ***Ƴoƴnyɗo ƴoƴɗo***

Celui qui a voulu faire le malin avec le malin.

Ƴoƴnyɗo ƴoƴɗo haari semteende

Celui qui a voulu faire le malin avec le malin s'est rassasié de honte (s'est couvert de honte).

Proverbe plein de sarcasme (qui utilise brillamment une allitération) au sujet de ceux qui adoptent des attitudes irresponsables.

313. Miɗo juuti ba daande ngeelooba

Je suis long comme le cou d'un chameau.

Ko juuti fu anndii keerol. Manngu ma e woodi keerol.

Tout ce qui est long a une limite. Ta grandeur a une limite.

Contre les vaniteux et ceux qui sont pleins d'eux-mêmes et se croient supérieurs.

314. Manngu ngeelooba : aaja e kosɗe

Grandeur du chameau: uriner sur ses propres pattes.

Waane waɗi manngu ngeeloba, gam manngu mum nafaayi mo, manngu mum e meere woni.

On dit qu'Un Tel a la grandeur d'un chameau, parce que sa grandeur ne lui sert à rien, sa grandeur n'a aucune utilité.

---

[126] Voir H. Tourneux- D. Yaya (1998) p. 146.

Image comique de ceux qui se croient supérieurs. Ils sont comme le chameau, dont l'urine coule sur ses longues jambes, parce que son pénis est très petit.

315. Bebba-yaapta

Déféquer-marcher dessus.

A waɗino goɗɗum ko yamni, nde puɗɗita mbaɗa ba majjum.

Tu avais fait quelque chose qui n'était pas convenable et, par la suite, tu as recommencé à faire la même chose.

Image hilarante de ceux qui ne savent jamais se comporter de manière appropriée et correcte, et qui finissent par en payer les conséquences.

316. Semta-haaŋe

Avoir honte-devenir fou.

O semtino arannde, kaɗima gaɗa ɗo o fuɗɗiti : nden ɗum wi'ataake semteende, ɗum wi'ete kaaŋe.

Il avait commis une action répréhensible autrefois et par la suite il a recommencé : cela ne s'appelle plus honte, mais folie.

Comme le proverbe précédent.

317. Mi roondi ma haako, a hooƴi hayre

J'ai chargé une simple feuille sur ton dos, mais tu as pris une pierre.

Mi lilli ma seɗɗa, amma mawɗum njiɗɗa waɗgo, huunde boo saloriima.

Je t'ai demandé de me rendre un petit service, mais tu as voulu faire à la grande, et tu n'en as pas été capable.

Moquerie de ceux qui entreprennent des projets qui sont au-dessus de leurs forces.

318. Mo hulaay ɓe hulniree e ɓe

Celui qui ne les craint pas, qu'il soit effrayé par eux.

Mo ndarwanɗa salake, faa hunnde hewti mo. Ndenno o hulaay, amma hannde o hewti hulniireego. O semtaayno faa o hewti semteende.

Celui à qui tu avais donné ton conseil a refusé (de t'entendre). Et maintenant il lui arrivé la chose (le malheur). Il n'avait pas eu peur autrefois, mais maintenant la peur l'a saisi. Il n'avait pas eu honte autrefois, mais maintenant il éprouve une très grande honte.

On finit toujours par avoir honte de nos comportements inappropriés du passé. Le proverbe équivaut à l'expression : maintenant justice a été faite.

319. Mbi'iɗo no moɗey jambere, jogana ɗum kootawal

A celui qui t'a assuré pouvoir avaler une hache, offre-lui le manche (de la hache).

Tagu ma miili daabare hallunde, o miili waɗgo ko waɗataako. A haɗi mo, bo o jaɓaay ka ma. Nden ngoora mo fu, molma juuɗe ma, woor or waɗa ko o yiɗi fu.

Quelqu'un envisage de faire quelque chose qui n'est pas bien, une chose inappropriée. Tu as tenté de le dissuader, mais il a refusé (de t'entendre). Alors, laisse-le tomber, frotte tes mains, laisse lui faire tout ce qu'il veut.

Au sujet de ceux qui se lancent dans des entreprises impossibles. Il est parfois inutile de tenter de les dissuader. Au contraire, il faut les laisser faire pour qu'ils puissent eux-mêmes se convaincre de l'absurdité de leurs projets.[127]

320. Janɗo no ɓokkorde mbe'a

Un imbécile est (comme) la queue d'une chèvre.

Ɓokkorde mbe'a nafataa koɗume, gam nde suddataa, nde loowata buuɓi. Janɗo nafataa koomo'e.

La queue d'une chèvre ne sert à rien, parce qu'elle ne cache rien et elle ne chasse même pas les mouches. Pareillement, l'imbécile ne sert à rien.

Image comique du paresseux et de l'imbécile.

321. Mi yarnaay hoore am, hakko mi yarna goɗɗo

Je n'ai pas pu me nourrir, à plus forte raison je ne pourrais pas nourrir quelqu'un d'autre.

Proverbe à l'intention de ceux qui, malgré leurs faibles capacités, pensent pouvoir se lancer dans des entreprises qui les dépassent.

[127] Voir le proverbe haousa similaire in G. Merrick, op. cit. 1905, n°207. Et aussi H. Tourneux- D. Yaya (1998) p. 504.

322. Mi suddaay ndu am, hakko ndu goɗɗo

Je n'ai pas été capable de recouvrir le mien, à plus forte raison (je ne peux pas recouvrir) celui des autres.

Comme le précédent. Proverbe qui suscite toujours une grande hilarité à cause de l'image grossière sous-entendue – le pronom *ndu* se réfère à *mbuudu*, cul, fesses (voir aussi n°245).

323. Biini-beete

Perdre (quelque chose) - fouiller la terre (pour la chercher)

O majji huunde daga o waɗey ga lirtugo lesdi. O waɗi majjere, kadi gaɗa ɗo o waɗey ga waɗgo ngoɗka feere.

Il a perdu quelque chose et il se met à remuer la terre (pour la retrouver). Il a commis une faute et puis il commence à faire quelque chose d'autre.

Remarque sagace à l'intention de ceux qui, après avoir fait une mauvaise action, tentent de se rattraper en faisant quelque chose d'autre : comme ceux qui ont tenu un propos inapproprié, par exemple, et puis rapidement changent de sujet.

324. Sonndu to noddi ndiyam, dow hoore mum ɗam haltataa

Si l'oiseau a appelé la pluie, c'est sur lui qu'elle ne cessera pas de tomber.

Neɗɗo ko waɗi e hoore mum fu woyantaake. Debbo dilli jawarsi: ton to o dilli welaay. Jo'oni o woyantaake, gam walaa mbi'i ɗo mo o dilla, amma kanko mo dillani hoore mum.

On ne peut pas être plaint pour nos actions. Une femme a décidé de quitter son mari (et aller chez quelqu'un d'autre). Mais elle n'est pas heureuse là où elle est allée. Maintenant, personne ne lui montrera de la sympathie, parce que c'est elle-même qui a pris la décision de partir.

Ce proverbe doit avant tout être compris dans le contexte du mariage-rapt (*te'egal*). D'une manière générale, chacun est responsable de ses propres actions et doit en payer les conséquences.

325. Sonndu fu e sollaare mum

A chaque oiseau sa propre poussière.

Neɗɗo fu dey-dey e ko waawata. Sonndu fu dimma ko semmbe mum hokki ɗum heɓata.

Chacun par rapport à ses propres capacités. Tout oiseau obtient en proportion de sa propre force.

Contre le prétentieux et l'orgueilleux. Il ne faut pas rêver de faire ce qui est au-delà de nos possibilités.

326. Kosngal yaaɓataa to lesdi walaa

Le pied ne peut pas fouler là où il n'y a pas de sol.

Ɓurðum semmbe mum fu, neððo raaratаа ðum. Tagu fu ko foti e semmbe mum

On ne recherche pas ce qui est au-delà de nos possibilités. Chacun fait ce qui est proportionnel à ses forces.

Comme le proverbe précédent. A l'intention de ceux qui ne sont pas réalistes dans leurs projets et entreprises.

327. Mballunga na'i rippo

(L'âne) qui a aidé la course de la vache.

Na'i ndiggi, daga mbabba no nattey. Mo nafataa baggi nafooɓe. Ko ðum waði fu, o walaa nder, o nafraay koomi. Ko ðum wi'e fu, ðemngal a nder, bo o nafataa.

Les vaches galoppent et l'âne a rejoint (leur galop). Celui qui n'est d'aucune utilité se frotte à ceux qui sont utiles : il est partout et pourtant il est absolument inutile. Il participe à toutes les discussions et pourtant il n'est d'aucune utilité.

Parodie de ceux qui se mêlent de tout, mais qui ne font jamais rien.

328. Sotta kutu, sooda rawanndu

Vendre un chien, acheter un clébard.

Sorra jamniiðum, sooda kaðima ko yamni.

Vendre ce qui est méprisable, et puis acheter à nouveau une chose pareillement méprisable.

Cela est dit de quelqu'un dont les agissements sont absurdes. Le proverbe joue sur les deux termes qui servent à désigner le chien : *kutu* et *rawanndu*.

329. Du'iiðo nde heltataa no saftey, e du'uto

Celui qui s'est mis à l'abri de la pluie finira par sortir de son abri si la pluie ne cesse pas de tomber.

Aɗa woodi munyal tagu. Nde fini fu mbaɗaa munyal, faa comaa nde go'o. Daga a waɗaney mo mettergal.

Tu as montré beaucoup de patience envers quelqu'un. Tous les jours tu as été patient, jusqu'au jour où tu seras fatigué. Et alors tu lui feras des misères.

La patience a une limite.

330. Lewru jogaaka bo e yi'e

On ne peut pas saisir la lune et pourtant on la voit.

Aɗa jogi goɗɗum, boo a yiɗaa tagu meema ɗum.

Tu possèdes une chose, mais tu ne veux pas que les autres s'en approchent pour la toucher.

On rappelle ce proverbe à ceux qui pensent que tout leur est permis et qu'ils peuvent tout demander et tout obtenir.

331. Suuwe, suuwa mbaha

Etre trempé, tremper sa propre barbe.

Tagu hokkaama, boo o daraaki gam o nani belɗum. Daga o so'aana kokkuɗo mo huunde faa o heɓa goɗɗum ma.

Quelqu'un a reçu quelque chose. Mais il ne tient pas sur place à cause du grand plaisir qu'il a éprouvé. Mais par la suite, il revient chez celui qui lui avait fait ce don pour obtenir encore autre chose.

L'imbécile ou le gourmand qui, dans sa cupidité, ne sait pas contenir sa joie d'avoir reçu quelque chose et qui désire encore davantage. A l'intention de ceux qui, sans aucune retenue, font preuve d'une avidité de plus en plus grande.

332. Mo luraay keccol lurataa njo'orngol

Celui qui n'a pas été capable de plier une branche verte ne pourra pas plier une branche sèche.

Mo waawaa gollell pamarel, o waawataa gollal mangal. Mo waawaa ko saaɗaa waawataa caɗɗum.

Celui qui ne peut pas accomplir une petite tâche ne pourra pas faire une tâche plus importante. Celui qui ne peut faire une chose facile ne peut pas faire une chose difficile.

Il ne faut pas s'étonner si certaines personnes échouent dans leurs entreprises.

333. To ndu woowri ndu jenngataa, say nyannde alad ndu fekkora

Selon ses habitudes, (le chacal) ne rentre pas tard la nuit, mais c'est un dimanche qu'il sera égorgé.

Proverbe assez obscur (lié à un conte), qui est utilisé dans des contextes assez différents. Entre autres, il sert à dire que les imbéciles pensent pouvoir échapper au malheur en se limitant toujours à suivre leurs comportements habituels. En réalité, dans des situations extrêmes, il faut adopter des comportements extrêmes.

334. Teenaaki no neeɓri e ndiyam fu, wattaa nuura

Peu importe combien de temps il est resté dans l'eau, un arbre ne deviendra pas intelligent.

Tagu no mawri fu waylataako.

Une personne, même si elle grandit, ne changera pas.

Constatation amère au sujet des gens désagréables qui continueront toujours à avoir des comportements désagréables.

335. No tuggere neeɓri nder ndiyam fu, wartataa linngu

Même si une souche reste longtemps dans l'eau, elle ne deviendra jamais un poisson.

Variation du proverbe précédent.[128]

336. Abba nga liiliije

Le pépé-au-toupet.

Ndottiijo warti jawaaɗo caka lenyol : jawaaɗo mo mooraaki, kama sonndu mbi'eteendu babba-ndu-laasol.

C'est au sujet de la personne adulte qui est devenue l'objet de mépris de la part de tout le monde : c'est l'indigne dont les cheveux ne sont pas coiffés, comme l'oiseau appelé « le pépé-au-toupet ».

Moquerie et sarcasme entourant les gens aux comportements inappropriés.

[128] Voir aussi H. Tourneux- D. Yaya (1998) p. 175.

3.4 Méchanceté et malice

337. Mbarta baraandi

Tuer à nouveau (le même serpent) qui avait été tué.[129]

A wari goɗɗo, a wartake mo. A yarni mo bone, kaɗima gaɗa ɗo njarna mo bone. Goɗɗo a te'ani mo yeyiriijo, kadi gaɗa ɗoa wujji mo nagge.

Tu as tué quelqu'un et puis tu l'as tué à nouveau. Tu lui as causé une peine et puis tu lui causes encore une autre peine. Tu as enlevé la femme de quelqu'un (mariage *te'egal*) et par la suite tu lui voles aussi sa vache.

Cela se dit des attitudes acharnées de certaines personnes, dont la méchanceté n'a pas de limites. Encore un proverbe qui prend toute sa signification dans le contexte du mariage *te'egal*. Voir aussi n°181.

338. Haɗa ɓesɗo so'ana cawɗo

Celui à qui on a empêché (de coucher) avec une femme qui vient juste d'accoucher se rabat sur une femme enceinte.

A ɗaliino ko bimtaaki. Nannguɗa gaɗa ɗo ɓurɗum bone.

Tu avais arrêté de faire quelque chose de peu convenable. Et par la suite tu as fait quelque chose qui est encore plus déplorable.

Image pleine de brio pour s'attaquer à toute forme de sottise, d'obstination et d'entêtement.

339. Ŷeenya suriire nyo'a lesdi

Monter sur une termitière et calomnier le sol.

Neɗɗo wi'aa ngokka ka wooɗaa, nyo'i ma. Ahan a fottaay, amma bannda fotti. Koo a fottaay, kama a fotti, gam bannda fotti.

Quelqu'un a dit une parole méchante, il t'a calomnié. Tu n'étais pas présent, mais un proche y était (et t'a rapporté la chose). Même si tu n'y étais pas, c'est comme si tu y étais, parce que ton proche y était.

Le sommet d'une termitière est proche du sol. Aiznsi, complétement stupide est l'acte de calomnier le sol en se tenant sur une termitière, comme aussi de parler mal de quelqu'un en présence d'un membre de sa famille. A l'intention de ceux qui ne mesurent pas toujours les conséquences de leurs propos.

---

[129] Le terme « serpent » (*mboodi*) est simplement indiqué par le pronom *–ndi*. En fait, par crainte magique, les Woɗaaɓe ne prononcent pas ce terme – surtout la nuit.

340. Ƴaabi nga nyiiko

La plaisanterie (de la bête) aux grosses mâchoires.

Mbadaneeɗo toolo a yiɗaa. Goɗɗo emo jaaɓo ma, boo ɓernde ma yiɗaa ɗum.

Quelqu'un te fait une plaisanterie que tu n'apprécies pas. Quelqu'un essaie de plaisanter avec toi alors que tu n'aimes pas du tout cela.

Allusion aux personnes qui font des mauvaises plaisanteries qui empoisonnent souvent les relations sociales. [130]

341. Sonndi hoɗi dow baakahi, wanni piɗo'o

L'oiseau s'est posé sur l'arc et a embarrassé le chasseur.

Piɗo'o haɗaama fiɗgo sonndu : o yiɗaa ɗum, amma o yi'aay laawol o fira ɗum. Tagu miili waɗango goɗɗo ko wooɗaa, daga goɗɗum haɗi mo.

Le chasseur n'a pas pu tirer sur l'oiseau : il voulait tirer, mais il ne voit pas du tout comment faire. Quelqu'un a projeté un mauvais tour contre quelqu'un d'autre, mais puis il y a eu un empêchement.

Proverbe qui vise à ridiculiser ceux qui manigancent de mauvais tours contre les autres et qui par la suite paient directement les conséquences de leurs agissements.

342. Majjuɗo ngol woyana fu, ngol woyi ɓuri

Quel que soit la peine des autres, la peine de celui qui s'est égaré est plus grande.

To a waɗi ko wooɗaa, woɓɓe no naney naawɗum, amma naawɗum ma e ɓuri hallugo. No woɓɓe narri naawɗum fu, ahan a ɓurey ɓe nanngo naawɗum.

Si tu as commis une faute, d'autres auront de la peine pour toi, mais ta propre peine est bien plus grave. Malgré la peine que les autres peuvent sentir, c'est toi qui éprouveras la peine la plus grande.

A ceux qui ont commis une faute, on conseille d'accepter tout simplement leur responsabilité.

---

130 Le proverbe se réfère à « la bête aux grosses mâchoires », c'est-à-dire « le lion », dont le nom ne peut pas être nommé (voir aussi n°121).

343. Ɓokki e ɓokko mum

A chaque baobab ses propres feuilles.

Koowa e gollal mum, e wuro mum. Koowa raara ɗum mum, sela ɗum goɗɗo.

Chacun a son propre travail, sa propre famille. Que chacun s'occupe de ses propres affaires et qu'il ne s'occupe pas des affaires des autres.

Remarque amère à l'intention de ceux qui ont tendance de se mêler des affaires des autres.

3.5 Paresse et maladresse

344. Wa'ajane moɗa

Se faire mâcher (la nourriture) et avaler.

Wuundeejo e yiɗi waɗaneego gollal fu, o heɓa o waalo.

Le paresseux veut qu'on travaille pour lui, pour qu'il puisse rester couché.

Caricature comique du paresseux, de celui qui manque de tout esprit d'initiative, qui ne veut même pas mâcher sa propre nourriture, mais se la fait mâcher par quelqu'un d'autre.

345. Risku teppere

La richesse du talon.

Teppere ma tampi, gam a darake dow gollal ma, boo a heɓaay koomi. Teppere ma tan riski, ahan a riskaay.

Ton talon s'est fatigué, et même si tu es resté à travailler, tu n'as rien obtenu. Ton talon s'est enrichi, mais toi, tu ne t'es pas enrichi.

Dérision du paresseux, de celui qui ne veut pas bouger pour rechercher ce dont il a besoin.

346. Joɗaago les ƴeeluu harataa beelaaɗo

Rester assis près d'un grenier ne rassasie pas un affamé.

Proverbe à l'intention de ceux qui pensent que l'amitié d'une personne influente peut les aider à sortir de leur pauvreté. C'est aussi une satire du paresseux. [131]

[131] Voir H. Tourneux- D. Yaya (1998) p. 54.

347. « Ngonmi-mbaɗmi » e ɓuri « njiɗmi-mbaɗmi »

« Je-suis-je-fais » est mieux que « je-veux-je-fais ».

Kul aɗa woodi semmbe fi, a waɗey ko njiɗɗa. Ammaa no njirruɗa fi fu, kul a wala semmbe majjum, a waɗataa ɗum.

Si tu en as la force, tu pourras faire ce que tu veux. Mais si tu n' as pas la force, malgré ton désir, tu ne pourras rien faire.

A l'intention de ceux qui parlent beaucoup de tout ce qu'ils voudraient entreprendre, mais qui, en fait, ne font jamais rien. Deux syntagmes servent à nommer deux types d'attitudes.

348. « Miɗo waawi, miɗo waawi », waɗgo e ɓuri ɗum

Faire vaut plus que dire « je peux, je peux ».

Variante du proverbe précédent.[132]

349. Kuulal daabare, kuulal daɓ-daɓre

Manquer une opportunité, manquer un départ matinal.

Aɗa yiɗi jahanngal, boo aɗa hula ngal. Boo, ton to njahata, aɗa joota ɗum. Aɗa miila keɓa goɗɗum, boo aɗa hula a heɓataa ɗum.

D'un côté, tu veux entreprendre un voyage, mais d'autre côté tu le crains. Tu te fais des soucis au sujet du lieu où tu vas. Ainsi, d'un côté tu penses d'y obtenir quelque chose et, d'autre côté, tu as peur de ne pas pouvoir l'obtenir.

Le proverbe es construit sur une allitération (*daabare*/opportunité ou affaire et *daɓ-daɓre* / départ matinal). Proche du proverbe français : « Qui ne tente rien n'a rien ». Remarque à l'intention des personnes qui ne savent jamais se décider, qui renvoient toujours leurs décisions à plus tard ou qui reviennent continuellement sur leurs décisions.

350. Ngel weela, ngel huli hoɗgo

Le petit (oiseau) voltige, il a peur de se poser.

Neɗɗo yiɗi ƴamgo ma goɗɗum, bo o huli yottoaago.

Quelqu'un désire te demander quelque chose, mais il a peur de s'approcher (de toi)

Proche du proverbe précédent. Triste sorte des indécis.

---

[132] Voir aussi H. Gaden (1931) n°576.

351. Ko feewi fu welaa

Ce qui s'est refroidi n'est pas bon.

Kul a yarii njaram peewðam, kama a yaraay. Kul a waðii gollal peewngel, kama a gollaay. Gollal fu, kul a yaaɓrii ngal seese-seese, ngal nafataa. Say to ngal wulii, ngal yawdi, nden ngal nafete.

Si tu manges une nourriture refroidie, c'est comme si tu n'avais pas mangé du tout. Si tu fais un travail très lentement, c'est comme si tu n'avais pas travaillé du tout. N'importe quel travail, si tu le fais très lentement, n'a pas de valeur. Si le travail est chaud, s'il est accompli avec célérité, alors il te sera utile.

Comme le proverbe précédent. Métaphore de l'indécision.

352. Fewre canyoo dowði

Le mensonge du tisserand c'est l'ombre.

Canyoo, kul waði gollal mum, o wi'ey gam dowði, on to o jooði. Kul o waðaay ngal, o wi'ey gam siya dowði. A gumani goððo haɓre : nyannde fu a yi'i mo, nden say mbi'aamo : « Toole, Waane, ramma, rammi ! Wakkasi wari. Hannde fewre canyoo re'i."

S'il a fait son travail, le tisserand dira que c'est grâce à l'ombre, là où il est resté assis pour tisser. S'il n'a pas fait son travail, il dira aussi que c'est à cause du manque d'ombre. Tu as juré de te battre avec quelqu'un. Et puis, le jour que tu le vois, tu lui dis : « Alors, Un Tel. Te voici, me voici. Le moment est arrivé. Aujourd'hui c'est la fin du mensonge du tisserand ».

Proverbe évoqué quand, enfin, est arrivé le moment de trouver la solution à un problème ancien. Les indécis n'ont plus aucune excuse ni aucun prétexte. Maintenant, il est temps d'agir.

353. Ngaulototooki mooƴataa

(Le morceau de bois) qui est retourné n'est pas attaqué par les termites.

Jooðiiðo e meere, joonde mum nafataa mo, no bonney mo.

Pas de profit pour celui qui est assis sans rien faire, seulement du malheur.

Le paresseux doit bouger, autrement les termites l'attaqueront. Image comique indirecte de toute forme de paresse.

354. Sollaare kosngal e ɓuri sollaare gaða

La poussière du pied est préférable à la poussière du derrière.

Mo sollaare gaɗa woni jodiiɗo, laalaatiɗo, wuundeejo. Mo sollaare kosngal woni geto, duroo. Geto e ɓuri wunndeejo.

Celui qui a la poussière derrière est celui qui reste assis, le fainéant, le paresseux. Celui qui a la poussière aux pieds est le laborieux, le bon berger. La laborieux vaut plus que le paresseux.

Images comiques pour critiquer la paresse et célébrer l'esprit d'initiative.[133]

355. Ɖofti, yahraay

Il a accompagné, il n'a pas conduit jusqu'au bout.

Gam mi ɗoftu ma fu, ahan njahata hoore ma to njahata fu. Ɖofto'o wanaa no njahaɗo. No ɗofturmaa mi fu, mi so'oyito..

Même si je t'ai accompagné (pour un bout de route), c'est toi qui doit aller là où tu vas. Un accompagnateur n'est pas un compagnon de route. Même si je t'ai accompagné, je reviendrai sur mes pas.

Chacun doit compter sur ses propres forces pour atteindre ses objectifs. On ne peut pas tout attendre des autres.

356. *Tammina-towtina*

Penser d'y arriver.

Satire de ceux qui pensent accomplir un travail, mais qui n'arrivent jamais à le terminer : ils y réflechissent, mais ils n'agissent pas.

357. Konu ngu yiɗaaka, keɓɓe e tuppe so''ata ɗum

Du cram-cram et du tribulus suffisent pour faire renoncer à une guerre qui n'a jamais été voulue.[134]

To a yiɗaa huunde, a heɗey keɓrugel ngoora ɗum.

Si tu ne veux pas vraiment quelque chose, tu trouveras toujours un prétexte pour ne pas la faire.

On trouve toujours une raison ou une excuse pour ne pas faire ce qu'on n'aime pas faire. Les pâturages à base de *keɓɓe* (Cencrus biflorus, graminée, communement appelé « cram-cram »), et de *tuppe* (Tribulus terrestris,

---

[133] Voir aussi : Voir aussi H. Gaden (1931) n°813 ; H. Tourneux- D. Yaya (1998) p. 272 ; et R. Leger & A.B. Mohammad (2000) p. 304.

[134] Ce proverbe pourrait être un souvenir historique de certaines guerres auxquelles quelques groupes Woɗaaɓe ont été poussés à participer à la fin du XIXème siècle à côté de chefs de guerre Zermas dans la région méridionale du Dallol Bosso.

Zygophyllacea), dont les graines ou les tiges blessent les pieds et se collent à la peau et aux habits, sont ici le symbole des désagréments nécessaires qu'il faut supporter pour atteindre nos objectifs.

358. Futtingo gite hattaa hoore ŋoole

Faire tournoyer les yeux ne va empêcher le fait que la tête soit rongée.

Kul a yehi to jaaliiɓe ma, gam a futtini gite ma fu, ðum hattaa ɓe mbaðan ma ko ɓernde ma yiðaa.

Quand tu es en présence des puissants, ce n'est pas parce que tu fais tournoyer tes yeux (pour les impressionner) que tu vas les empêcher de te faire ce que tu ne veux pas. [135]

Dans des situations extrêmes il faut prendre des décisions extrêmes.

359. Aawre e jabbirgal woofete

La semence est ratée déjà (au moment où on utilise) le bâton (pour enfouir les graines).

Au début de la culture agricole, on utilise le *jabbirgal*, un bâton qui permet d'enfouir les graines de mil dans la terre. On peut déjà prévoir que les récoltes seront mauvaises par la manière maladroite dont on utilise le bâton au moment des semailles. Le proverbe dit qu'il ne faut pas s'étonner de l'échec de certaines activités qui, dès le début, n'ont pas été entreprises correctement.

360. Ndesoraaka no njeggitoraaka

Parole mise de côté est parole oubliée.

Aða yiði huunde goððum, amma a miili ðum tan. Gam a wolwanaay, a waðaay koomi. Faa a yeggitey ðum fu.

Tu désires quelque chose, mais tu ne fais qu'y penser. Parce que tu n'as rien dit, tu n'as rien fait. Jusqu'à ce que tu oublies tout.

Encore une critique de l'indécis, qui renvoie toujours au lendemain ce qu'il peut faire aujourd'hui.

361. Kulðo no daawngal

Le craintif est un corbeau.

Daawngal e ɓuri yonki fu kulol. Anndiraaðo kulol nanndi e daawngal.

[135] Voir aussi le proverbe haousa correspondant in G. Merrick, op. cit. 1905, n°31.

Parmi tous les animaux c'est le corbeau qui est le plus peureux. Tout homme craintif (timide) est comme un corbeau.

Image du craintif, de celui qui n'arrive jamais à prendre une décision.

362. *Biððo walaa, say mo sinnga*

Pas d'enfants sans parures.

To a rimi ɓiððo, koltina mo, coodaana mo toggoore, coodana mo ngeelooba, coodana mo huunde fu. Kul a waðay non a yoðaa mo, kama a rimaay mo.

Si tu as eu un enfant, tu dois l'habiller, lui acheter une chemise, lui acheter un chameau, lui acheter tout ce dont il a besoin. Si tu n'a pas fait tout cela, c'est comme si tu ne l'avais pas vraiment mis au monde.

Proverbe à l'intention de ceux qui ont tendance à faire les choses à moitié. Il utilise une image du repertoire des jeunes et de leurs fêtes claniques. Le terme *sinnga* désigne les bijoux et les parures dont les jeunes ont besoin pour leurs danses rituelles.

363. Joonde meere walaa riiba

Pas de profit à rester assis sans rien faire.

Kul a jooði tan, a wo''intaa kooðume, a heɓataa kooðume. Amma kul a darake, a nafey hoore ma, a heɓey ko ðuuði.

Si tu restes simplement assis, tu ne serviras à rien, tu n'obtiens rien. Mais si tu te mets débout, tu vas être utile à toi-même et tu vas obtenir beaucoup de choses.

Contre le paresseux et les fainéants.

364. Mo remaay nyaamataa kalaaje

Celui qui n'a pas cultivé (son champs) ne mangera pas les haricots.

Kul a torraaki a hokkataake.

Pas de faveurs sans souffrance.

Critique du paresseux.

365. Kul a wari mboodi, ittu hoore mum

Si tu as tué un serpent, coupe-lui la tête.

To a wari mboodi, kul a itaay hoore, kama a waray ndi. Gollal ngal mbaɗɗa fu, waɗ nagal faa to ngal haaɗi.

Si tu as tué un serpent, si tu ne lui as pas coupé la tête, c'est comme si tu ne l'avais pas vraiment tué. Va jusqu'au bout de ton travail.

Encore un image du paresseux et du maladroit qui ne savent pas aller jusqu'au bout de leurs entreprises.

366. Hula yitere, woytira ɓernde

Crains l'œil, que le cœur désespère.

No njirruɗaa hunnde fu, kul a huli yottaago jom huunde a keɓataa ɗum. Kulol ma haɗi ma.

Même si tu désires fortement quelque chose, si tu as peur de t'en rapprocher, tu ne l'obtiendras jamais. C'est ta peur qui t'aura empêché de l'avoir.

Satire des indécis et des craintifs. Pour les rapports entre cœur /*ɓernde* et œil /*yitere* voir aussi n°36.

367. Sappa, sayna

Montrer, ne rien faire.

Mbi'iɗo ma no waɗey goɗɗum, gaɗa no faɓɓitey.

Quelqu'un t'avait dit qu'il allait entreprendre quelque chose et par la suite a changé d'idée.

Moquerie de l'indécis ou de celui qui a un caractère volubile.

368. Hula bo'ogel, wa'ata dasindorgel

Craindre le petit serpent, retourner sur ses pas.

Neɗɗo yiɗi huunde, bo o huli o'o no o ƴamata, daga goɗɗo o so'orto o heɓa ɗum

Quelqu'un voudrait bien obtenir quelque chose, mais il a peur de celui à qui il devrait la demander. Et puis quelqu'un d'autre arrive à l'improviste, il demande et obtient (ce que tu voulais).

Moquerie de l'attitude du timide et de l'indécis.

369. Goonga nyoli ƴaaɓe

La vérité a pourri les jujubes.

A la fin, avec le temps, les jujubes pourrissent. La vérité finira toujours par être révélée. On finit toujours par démasquer les paresseux ou les menteurs.

370. Bilki no faððey, dasataa

Un enfant mettra des chaussures, mais il n'avancera pas.

Gollal bilki fu ko sukki ? To o fuðði ngal, kama ngal wooði, amma gaða ðo say ngal hoota dow mawðo.

A quoi peut bien servir le travail d'un enfant ? Quand il commence un travail, au début c'est comme si tout allait bien, mais par la suite il faudra qu'un adulte intervienne (pour le mener à terme).

L'enfant est ici l'image du maladroit.

4. BONHEUR ET MALHEUR

4.1 La recherche du bonheur

371. Belðum somataake, belðum harataake

On ne se fatigue pas de bonheur, on ne se rassasie pas de bonheur.

Mo yonki fu somataa raargo belðum. Maayðo tan woni mo raarataa belðum.

Tout être vivant recherche le bonheur. C'est le mort seulement qui ne cherche pas le bonheur.

Vivre signifie chercher du bonheur. Proverbe à l'intention de ceux qui ont fini par obtenir ce qu'ils cherchaient et qui ont été récompensés de leurs efforts.

372. Maayo no hewrii fu yiði hebbiteego

Malgré qu'il soit déjà plein, un fleuve veut toujours se remplir davantage.

Neððo no heɓri fu, e yiði goððum ma. Neððo no o worri fu e yiði besðaari. Gam besðaari somataake. Koomo'e e yiðii o besðo nde fini fu.

Même si on a obtenu beaucoup de choses, on désire toujours quelque chose de plus. Dans n'importe quelle condition, on désire toujours une augmentation. Parce qu'on ne se fatigue pas de l'augmentation. Tout le monde veut s'accroître chaque jour.

Comme le proverbe français : « Plus on boit, plus on veut boire ». Tout être vivant est sans cesse poussé par le désir de grandir, de s'accroître, de gagner des biens, d'être heureux.

373. Hakkillo colli e sorɓirde woni

L'attention des oiseaux est tournée vers l'aire de battage.

To belðum heedi fu, ton hakkillo neððo huucata.

L'esprit humain est tout tendu là où se trouve le bonheur.

Proverbe souvent évoqué au sujet d'un jeune homme dont l'esprit est tourné vers la jeune fille dont il est épris et qui est prêt à faire n'importe quoi pour gagner ses faveurs.

374. Nanðo belðum no yeggitaney goððum

Celui qui éprouve un bonheur oubliera tout le reste.

To a nani belðum, a hoornaay miilaago goððum feere, boo a annda goððum e gaða. Neððo nde nani belðum no haaŋete.

Quand tu es heureux, tu ne penses plus à rien, et pourtant tu ne connais pas la suite des choses. Quand on éprouve le bonheur, on devient comme fou.

375. Belðe keddataa

Le bonheurs ne coexistent pas.

Belðum tokkata naawðum, naawðum tokkata belðum. Huunde fu e wakkasi mum; ɓii tagu say waða munyal, renta ko Alla resani mo.

Le bonheur suit la souffrance, le malheur suit le bonheur. A chaque chose son temps ; que chaque être humain soit patient, dans l'attente de ce que Dieu lui a réservé.

Observation pleine de sagesse sur les avatars de la vie. Les bonheurs ne sont pas regroupés, ils sont entrecoupés par des malheurs. D'où la nécessité d'être patient et persévérant.

376. Laawol jam woððataa

La route qui mène à la santé n'est jamais trop longue.

Laawol jam mo ngol woððiri fu, no belngol. Amma laawol torra non ngol ɓaðori fu, ngol welaa.

Malgré qu'il soit long, le chemin qui mène à la santé est agréable. Par contre, malgré le fait d'être court, le chemin qui mène à la souffrance n'est pas agréable.

Ce proverbe complète le précédent, en donnant une vision spatiale du bonheur. Le terme *jam* désigne à la fois la paix, le bonheur, la santé et la plénitude. Pour atteindre ce bien, on est prêt à faire n'importe quel sacrifice.

377. Ko juuti fu e woodi keerol

Tout ce qui est long a une limite.

Kul goððo riski, o heppay kooðume, walaa fu ko o walaa. Amma juutal ngal, duuniyaaru anndaa ko sakkitorto, ko waroyita seese-seese: yalla sakkitorto weelo yalla heenyira risku ngu.

Si quelqu'un est devenu riche, il ne manquera de rien, il aura tout. Mais les gens ne savent pas ce qui va se passer par la suite, ce qui arrivera peu à la fois : peut-être la famine ou alors l'aboutissement de cette richesse.

La richesse peut disparaître, mais aussi la pauvreté peut finir. Donc il faut savoir patienter. En réalité, on ne sait pas ce que les lendemains nous apportent. La version religieuse du proverbe original dit : « Tout a une limite sauf le pouvoir de Dieu » (*say laamu Alla*).

378. Jemma no juhuri fu no weetey

La nuit peut être longue, mais l'aube (du nouveau jour) finira par poindre.

Jemma fu e woodi keerol. Naawðum fu no nawri fu no hoyey.

Toute nuit a une limite. Toute douleur, pénible qu'elle soit, finira par guérir. [136]

Comme le proverbe précédent. Message d'espoir : toute souffrance a une fin. Il faut simplement savoir patienter et faire preuve de courage.

379. Ngel ŷiŷam e mbordi fu no ŷukkoto

Le petit (os cassé) de celui qui a du sang et du pus se consolidera (guérira).

Mo yonki fu no hoyey. Maayde tan walaa maagani

Le vivant guérira. C'est pour la mort seulement qu'il n'y a plus aucun remède.

Proche du proverbe français ! « Tant qu'il y a de la vie, il y a de l'espoir « . On ne doit jamais désespérer, même dans des situations les plus difficiles.

380. Mo maayaay taŷdaaka

Celui qui n'est pas mort n'a pas encore été coupé complétement.

Neððo kul maayaay o anndaa o ɓesðo, o annda o usto.

Celui qui n'est pas mort ne sait pas s'il augmentera ou ou s'il diminuera.

---

[136] Voir H. Gaden (1931) n°856.

Comme le proverbe précédent. L'être vivant ne doit pas désespérer : s'il se blesse ou s'il est malade, il peut toujours guérir. C'est seulement contre la mort qu'il n'y a pas de remède.

381. Goɗa nyolɗum e mbaatɗum

Ce qui est pourri vaut plus que ce qui est crevé.

Comme les deux proverbes précédents. Il y a toujours de l'espoir s'il y a la vie.

382. Maaya, ɗi ndone

Il meurt, elles (les vaches) sont héritées.

To baaba ma maayi, an jehi na'i makko. Neɗɗo e baaba mum ronata.

A la mort de ton père, tu hériteras son troupeau. Chacun hérite les biens du père.

Il y a toujours la vie après la mort. [137]

383. Ndiyam hootani dewerde

L'eau est rentrée dans la cuvette.

To asamaare toɓi, ndiyam to ɗam ili fu, say hootana dewerde.

Quand il a plu, après qu'elle a ruissellé, l'eau se verse dans la cuvette.

Après une période de détresse, les choses finiront par s'arranger et rentrer dans l'ordre. C'est un message plein d'espoir.

384. Njo'orki willitake

(L'arbre) séc a repris vie.

Même sens que le proverbe précédent. On peut se remettre débout même après des situations désespérées.

385. Kokkal no huba-hubaaru

Un don est comme un lancement de bâtons.

To a feri sawru caka duuniya, a annda moy ndu fi'ata.

Si tu lances un bâton au milieu d'une foule, tu ne sais pas qui il frappera.

Un bonheur est toujours comme un coup de chance, il peut tomber sur les uns ou sur les autres, de manière imprévisible, comme à l'aveuglette. Au sujet de

---

[137] Voir aussi n°395.

quelqu'un qui a obtenu (ou pourrait obtenir) un bien d'une manière tout à fait imprévisible.

386. Fin-hooƴ

Reveille-toi, prend.

Nde fini fu, tagu heppataa ko o waɗata, heppataa to o hooƴa. Njamu hooƴata ɗum. Neɗɗo kul no jamo no waɗey « fin hooƴ ». Mo yonki fu heɓata huunde nde fini fu.

Chaque jour, on a toujours des choses à faire, on ne manque jamais d'occupation. Toute personne en bonne santé fera « le réveille-toi et prend ». Tout être vivant obtient chaque jour quelque chose.

Au sujet de la quête quotidienne du bonheur de la part de tout être vivant. Message d'espoir et d'encouragement pour ceux qui sont dans une situation difficile.

387. Nde nge wari fu, nge welnge

Elle (la vache) fait toujours plaisir à n'importe quel moment elle vient.

Nagge haɓɓana'e, nde nge wari fu, no belɗum. Nde neɗɗo heɓori belɗum fu, no belɗum.

A n'importe quel moment, une vache reçue en prêt est un bonheur. A n'importe quand il est obtenu, un bonheur est toujours un bonheur.

Pour le prêt d'une vache *haɓɓana'e*, voir aussi n°280.

388. Ɓeccel ladde, ɓeccel si'ire

Petite côte (tournée) vers la brousse, petite côte (tournée) vers le village.

Walaa to neɗɗo raarataa ɓesɗaari, walaa to neɗɗo raarataa risku mum. Kaɗima, to neɗɗo heɓaay wuttudu wo'oru, o heɓey woɗndu.

Il n'y a pas de lieu où on ne recherche pas son propre accroissement ou son propre profit. En plus, si on n'a pas gagné d'un côté, on gagnera d'un autre côté.

L'éleveur vit dans la brousse (*ladde*) et c'est là qu'il se trouve son bonheur. Mais cela ne l'empêche pas de regarder du côté du village (*si'ire*) des sédentaires pour y chercher d'autres avantages. Il faut être prêt à tout pour obtenir ce qu'on cherche.

389. *Neɗɗo anndaa ko jahango wardata*

Personne ne connaît ce que le lendemain apporte.

Eden njooɗi, en anndaa ko jahango waddata : en annda ɗum wadda jam na siya jam, en anndaa eɗen pina e jam na noyi.

Nous tous, nous sommes assis là, mais nous ne savons pas ce que le lendemain nous réserve. Nous ne savons pas s'il y a aura la santé ou la maladie, nous ne savons pas comment nous allons nous réveiller demain.

L'avenir est incertain. Il faut toujours être en alerte. Le riche peut devenir rapidement pauvre et le pauvre peut aussi s'enrichir.[138]

390. *Hitaande fu e no wardata*

Chaque année avec ce qu'elle apporte.

Hitaande fu no waddey goɗɗum feere. Kul hikka wadaay jam, ngaru no waddey jam. Wonnde e waara e naawi, wonnde kaɗima e wara e weli.

Chaque année apporte quelque chose de différent. Si cette année n'a pas apporté du bonheur, c'est l'année prochaine qui l'apportera. Une année vient et fait du mal, et puis une autre année vient et fait du bien.

A chaque année sa peine ou son bonheur. Message réaliste et plein d'espoir.

391. *Haɓɓere haɓɓiti dow finnde balol*

La gerbe s'est défaite juste sur le nœud de la corde.

A heɓi ko ndaarnuɗaa. To haɓɓere haɓɓiti dow balol, no booɗɗum.

Tu as obtenu exactement ce que tu voulais. C'est très bien qu'une gerbe puisse se défaire juste sur le nœud.

Tu n'auras pas à te fatiguer pour défaire le nœud. Parfois, un coup de chance inattendu nous fait obtenir ce qu'on attendait depuis longtemps. Au sujet de quelqu'un qui bénéficie d'un bonheur inespéré.

392. *Kasu nanndaa e kosam*

La prison ne ressemble pas au lait.

Belɗum nanndaa e naawɗum, yehere nanndaa e yannde, jam nanndaa e siya jam.

Le bonheur ne ressemble pas au malheur, la générosité ne ressemble pas à la méchanceté, la paix ne ressemble pas à l'absence de paix.

---

[138] Voir aussi n°377, n°413 et n°446.

Le proverbe est construit sur le jeu de mots entre *kasu* (prison, terme d'origine haoussa) et *kosam* (lait) : deux mots qui, malgré leur ressemblance, indiquent des réalités tout à fait différentes. La condition des pauvres diffère tellement de celle des personnes aisées.

393. Hohondu wordu to ndu huuci fu no yehey

L'orteil va là où il est orienté.[139]

Ko neɗɗo yiɗi fu, nde go'o no heɓey ɗum. A heppataa heɓgo ko ɓernde ma yiɗi.

On obtiendra toujours ce qu'on désire. Tu ne manqueras pas d'obtenir ce que ton cœur désire.

Au sujet de la persévérance dans la recherche de l'objet de nos désirs.

394. Lu'al mum teddirtaa ɗum

(Pour une vache) une corne n'est jamais trop lourde.

Ko woni dow hoore maaɗa, a naanataa tedduɗum mum. No ndimɗa e duuniya ɗuuɗɓe fu, marooɗum maɓɓe salortaa ma, gam kanɓe woni risku ma, kanɓe woni ɗum ma..

Tu ne sens pas le poids de ce qui est sur ta tête. Si tu es né au sein d'une large famille, le fait de les nourrir ne sera jamais un embêtement pour toi, parce qu'ils sont ta richesse, ils t'appartiennent.

Accepter sa propre condition et, par conséquent, les responsabilités associées.

395. Maayde goɗɗo keɓal goɗɗo

La mort de quelqu'un est le gain de quelqu'un d'autre.

Goɗɗo maayi, maayde makko nafaay mo, amma nafi goɗɗo. Ko neɗɗo heppi, goɗɗo heɓi.

Quelqu'un est mort, sa mort ne lui est d'aucune utilité, mais quelqu'un d'autre en profite. Ce que quelqu'un a perdu, quelqu'un d'autre a gagné.

Le malheur des uns fait le bonheur des autres. [140]

---

[139] *Hohondu wordu* : litt. « le doigt mâle » soit l'orteil ou le pouce».

[140] Voir aussi n° 382.

396. Keenya wartataa hannde

Hier ne devient pas aujourd'hui.

Neɗɗo to o naywii, yi'ii goɗɗum ko ndenno o waawini, o naney mone ndeehan, gam hannde o waawata ɗum.

Quand tu as vieilli, tu vois que tu ne peux plus faire les choses que tu étais habitué à faire autrefois, et alors tu éprouveras du dépit à cause de cela.

Il faut se contenter de ce qu'on est et ce qu'on possède. Il est inutile de se référer toujours au passé. Voir par contre n°432.

397. Kowgol ɓernde heewataa

Le bord du cœur n'est jamais plein.

Kowgol ɓernde yi'ataako. No keɓruɗa huunde fu, aɗa yiɗi goɗɗum ma. A wi'ataa : « ɗum heƴƴi, mi ɗaley non ! ». No ɗum hewri fu, ɓernde e muuyi goɗɗum ma.

On ne peut pas voir le bord du cœur. Même si tu as obtenu beaucoup de choses, tu veux toujours quelque chose d'autre. Tu ne diras jamais : « Cela suffit, j'abandonne ! ». Même s'il est plein, le cœur désire ardemment quelque chose d'autre.

Le cœur humain - comparé ici à une calebasse - est insatiable. Il ne peut jamais être complétement rempli. On ne peut jamais être complétement rassasié de bonheur.[141]

398. Pilam howtaa e fe'etere

Les éclaboussures de lait (au moment de la traite des vaches) ne ressemblent pas aux étincelles du feu.

Risku kosam jeyii pilam, amma nawɗum yiite je'ii fe'etere. Belɗum nanndaa e naawɗum.

Les éclaboussures de lait viennent de la richesse du lait, alors que les étincelles dépendent de la douleur du feu. Le bonheur ne ressemble pas au malheur.

Métaphore suggestive au sujet de la différence qui existe entre bonheur et malheur : d'une part, les gouttelettes de lait qui giclent sur le corps au moment de la traite d'une vache et, d'autre part, les étincelles qui blessent quand on s'approche du feu.

[141] Voir aussi n°372.

399. Musidina e toonje

Téter malgré la muserole.

Le proverbe fait allusion à une pratique pastorale : pour sevrer un jeune veau et l'empêcher de continuer à téter la mère, on lui accroche une muserole d'épines. Malgré la résistance (et les coups de pattes de sa mère), le veau têtu finira toujours par obtenir quelques gouttes de lait. Tout cela est une métaphore du fait que dans la vie il faut toujours se battre pour obtenir ce qu'on veut et dont on a besoin.

400. Ngedu ma no wuuroto, rufataa

Ton lot peut rester penché, il ne se versera pas.

Ko Alla hokkey ma fu, faa abada a heɓey ðum. Ko Alla yiðan ma fu, say a heɓi ðum

Tu finiras toujours par obtenir ce que Dieu te donnera. Tu obtiendras ce que Dieu t'a réservé.

On finit toujours par obtenir notre bonheur à nous, petit ou grand qu'il soit. A l'intention de ceux qui ont été frappés par un malheur, pour les consoler et leur redonner de l'espoir.

401. Nyaamðo nyebbe kam yaroyita ndiyam

C'est celui qui a mangé les haricots qui va boire l'eau.

No ndiyam woððiri fu, nyamðo nyebbe e anndi to o yaroyita ðam, gam nyebbe ðomnka ngoodi. Kul a welni ðo, a jooðoto; kul a welaany, a heppataa anndugo toy mbaðataa.

Celui qui a mangé des haricots sait où trouver de l'eau à boire, même si elle est très éloignée. Si tu es heureux ici, tu y restes; mais si tu n'es pas heureux ici, tu sais bien où il faut aller.

Un repas à base de haricots cause une grande soif et celui qui en a mangé agira en conséquence. Le proverbe dit que chacun doit agir en fonction de sa propre situation et assumer ses propres responsabilités, sans toujours attendre l'aide des autres.

402. Kelɗo tummude kam nyo'otata nde

C'est celui qui a brisé une calebasse qui doit la réparer (la coudre).

Simple dicton : on doit assumer les conséquences de nos propres actions et réparer les éventuels torts.

403. Winnde wooɗnde hottete

On campe à nouveau dans un bon ancien campement.

Ton to neɗɗo heɓi belɗum fu, ton hakkillo mum huucata. Amma ton to neɗɗo yi'i bone , to o yaalti ɗum, no wooroyey ɗum.

Notre esprit est tourné là où nous avons eu du bonheur. Par contre, si on passe à côté de l'endroit où on a souffert, on le contournera.

Image de la vie nomade. On n'hésite pas à retourner dans les régions où on a été heureux. Pareillement, on n'hésite pas à solliciter à nouveau les personnes qui dans le passé nous ont aidé. Pour le terme *winnde*, ancien campement, voir aussi n°6 et n°450.

404. Yawa fu, heppita fu

Mépriser tout, manquer de tout.

A heppi huunde gam a yawi ɗum. Yawaare no heɓantaa ma kooɗume.

Tu n'as pas obtenu une chose, parce que tu l'as méprisée. Le mépris ne te fera rien gagner.

A l'intention de celui qui, dans son orgueil, dédaigne tout et qui, par conséquent, n'obtiendra jamais rien.

405. Yedda mbabba fuɗgo lu'al

Contredire le fait qu'un âne pousse une corne.

Non no neɗɗo yeddirta mbabba fuɗataa lu'al non neɗɗo yeddirta habaru goɗɗum.

On s'oppose à certaines nouvelles comme on s'oppose à l'idée qu'un âne puisse pousser une corne.

Accepter l'idée que certaines choses sont absolument impossibles. Il faut être toujours réalistes dans la vie, il ne faut pas rêver l'impossible.

406. Yottaago yottingo

Etre pris par ce qu'on voulait prendre.

Ndillana goððum, nja'ha to go'o. Aða raara ðum. Boo non no njottoriða toohan, toohan ton towrata ðum. Non no njottoriða toohan non yottori huunde ma. Aða yiði yottaago huunde, boo huunde yottini ma.

Tu pars chercher quelque chose, tu t'en vas ainsi la chercher. A peine tu arrives à tel endroit, tu la trouves. Mais à peine tu arrives à cet endroit, (tu comprends qu'en fait) c'est la chose qui t'atteint. Tu veux atteindre la chose, mais c'est la chose qui te saisit.

Proverbe qui, en jouant sur une assonance, rappelle que la vie est parfois imprévisible et surprenante. Les choses - les bonnes comme les mauvaises - nous arrivent d'une manière imprévisible.

407. Subana booððo ilaa fajiri yi'ete

On reconnaît une bonne journée déjà à partir de l'aube.

Il y a des événements prémoniteurs, qui nous permettent de connaître d'avance un bonheur. Proverbe souvent utilisé par un jeune homme au sujet d'une fille qui semble vouloir acconsentir à ses avances. [142]

408. Fiirnugo colli saðaa, yi'go to ði koði saði

Ce n'est pas difficile de faire envoler des oiseaux, ce qui est difficile c'est de voir l'endroit où ils se sont posés.

Fuððugo haɓre saðaa, amma yi'go to ðum heỹỹi saði.

Ce n'est pas difficile de commencer une dispute, ce qui est difficile c'est de voir où cela conduit.

On ne peut jamais connaître les conséquences de nos actions et de nos décisions – dans le bien comme dans le mal.

409. Dongal ittaama, ɓernde feewi

On a apporté tous les cadeaux de mariage (à la famille de l'épouse), maintenant le cœur est tranquille.

On a pu finalement atteindre un objectif et on n'a plus à se faire du souci. L'image est celle d'une cérémonie associée au mariage traditionnel *koobgal,* en particulier, l'obligation de la famille de l'épouse d'apporter à leur fille mariée une dot (appelé *dongal*), soit un ensemble de calebasses, nattes et d'autres ustensiles,

[142] Voir aussi le n°225.

pour qu'elle puisse successivement la redistribuer aux femmes de son nouveau groupe familial.[143]

410. Doccal nanngti yiite

Le tison a été complétement embrasé par le feu.

Doccal nder yiite heppataa nanngugo yiite. Koo bilki'en anndi ðum.

Même un enfant sait qu'un tison dans le feu finira par s'embraser.

Simple constat. A l'intention de ceux qui semblent être surpris par les effets négatifs de certains de leurs agissements pervers.

411. Neððo anndaa ko Alla hiitoto

Personne ne connaît ce que Dieu décide.

Proverbe religieux à l'intention de ceux qui se font trop de soucis au sujet de leur avenir. C'est aussi une variante du n°389.

412. Nagge no jollooru, kul nyo'aaka heewataa

Une vache est comme une gourde, elle ne se remplit pas si elle n'est pas poussée avec force.

Duurungol no caððum, gam wakkasi fu e yiði gollal. Jom nagge walaa pooftiri.

Elever des animaux est une tâche difficile, parce qu'il faut travailler à tout moment. Le propriétaire d'une vache ne connaît pas de répit.

Image pastorale : dans une mare, c'est avec beaucoup de peine qu'on remplit d'eau une gourde (dont le goulot est étroit) en la poussant avec force sous l'eau. Pareillement, les travaux liés à l'élevage de bovins (*duurungol*, *ngaynaaka*) sont pénibles. Métaphore générale de tout travail pénible, mais nécessaire pour obtenir, avec persévérance, ce qu'on désire. Voir aussi n°458.

413. Jawdi no tuhundi

Le bétail (la richesse) est la saleté.

Jawdi darataako : diskuðo nde go'o fina ðum walaa.

Le bétail (richesse) ne dure pas : un beau jour, le riche se réveille, pour trouver qu'il a tout perdu.

---

[143] Après la cérémonie, on dira que le père de la fille peut maintenant « dormir tranquille, parce qu'il a enlevé le souci de la dot » (*o itti dongal*).

Instabilité et précarité de toute possession, de tout bonheur. Voir aussi n°377, n°389, n°446. et n°482.

4.2 La condition du pauvre et du malheureux

414. Mo anndaa belɗum kaɗɗum warata ɗum

Le malheur (litt. « ce qui est amer ») tue celui qui ne connaît pas le bonheur (litt. « ce qui est doux »).

Mo anndaa belɗum, siya anndugo belɗum no warey ɗum. Gam o yiɗi huunde, boo o hokkataake ɗum, o muuyi goɗɗum boo o heɗataa ɗum. Mo welnaay no joototo tan.

Pour celui qui ne connaît pas le bonheur, c'est ce manque de connaissance du bonheur qui le tuera. Il veut quelque chose, mais personne ne la lui donne, il la désire, mais il ne l'obtient pas. Celui qui n'a pas été heureux se fait seulement du souci.

Pas de vraies alternatives dans l'existence humaine : bonheur ou malheur, richesse ou pauvreté, plaisir ou souffrance.

415. Gite pamare mbumloyita

De petits yeux rendent aveugle.

Jogiiɗo seɗɗa nanndi e bumɗo : gite mum no pamare, de ndaarataa to ɗe njiɗi. Amma jogiiɗo huunde, mo jawɗi ɗuuɗɗi, gite mum mawni : to o yaali fu no yi'ey, o anndi to o yaɓrata. Gondo jawɗi, daande mum e dari, o heŷŷi hoore mum.
Celui qui possède peu est comme un aveugle : ses petits yeux ne lui permettent pas de voir ce qu'il veut. En revanche, celui qui est riche, qui possède du bétail, a de grands yeux : là où il passe, il voit tout, il sait où il met ses pieds. Le riche a un cou droit, il se suffit.

Au sujet de la triste condition du pauvre, toujours limité dans toutes ses entreprises. Sa pauvreté est comme une quasi-cécité, qui l'empêche de voir, de marcher et d'agir. Tout l'opposé du riche.

416. Diilaaru wi'i: to ŷaabe ngonii, ndiyam walaa

Le chacal a dit : là où il y a des jujubes, il n'y a pas d'eau.

To ƴaabe ngonii, ndiyam walaa. To ndiyam wonii, ƴaabe ngalaa. Kul neɗɗo heɓi ƴaabe, o munya ɗomnka. Amma kul o heɓi ndiyam, o munya weelo. Neɗɗo heɓataa huunde fu nokkuure wo'ore.

Là où il a des jujubes, il n'y a pas d'eau. Là où il y a de l'eau, il n'y a pas de jujubes. Si quelqu'un a obtenu des jujubes, qu'il supporte la soif. S'il a obtenu l'eau, qu'il supporte la faim. On ne peut pas tout obtenir au même endroit.

On ne peut pas tout obtenir dans la vie. Tout le monde (en particulier le pauvre) doit se contenter de ce qu'il a.

417. Dokko yetti Allah say to o yi'i bumɗo

Le borgne remercie Dieu le jour où il voit l'aveugle.

On apprécie notre propre condition le jour où on réalise que les autres souffrent plus que nous. Dans la vie, il faut toujours se contenter de ce qu'on est et de ce qu'on possède. L'aveugle est par excellence l'image du pauvre (voir, par exemple, n°33 et n°433).[144]

418. Kooƴe njeewaama, amma gite mbojii

On a cassé la croûte, mais les yeux sont (encore) rouges.

Bone waɗino. Jo'oni min ceedi e bone, amma miɗon nana torra faa jo'oni.

Il y a eu une période de souffrance. Maintenant cela est terminé, mais nous sommes dans la détresse jusqu'à maintenant.

Les conséquences d'une épreuve ses font sentir pendant longtemps. Les plaies de blessures graves mettent du temps à cicatriser et guérir. L'appauvrissement (perte de troupeau et de biens) crée une situation dont on a mal à se relever.

419. Mo juutaa jungo nyanyataako to o yiɗi

Celui qui a un bras court ne peut pas se gratter là où il veut.

Neɗɗo yiɗii huunde, boo o walaa no o heɓra ɗum, o walaa semmbe majjum.

Neɗɗo raarataa ɓurɗum semmbe mum, say ko o foti e muuɗum.

Quelqu'un désire un bien, mais il ne sait pas comment l'obtenir, il n'a pas la force (nécessaire). On ne doit pas rechercher ce qui est au-dessus de nos capacités, mais seulement ce qui est proportionnel à nos possibilités.

---

[144] Pour la rélation entre aveugle et borgne voir aussi le n°76.

Sous forme d'un aphorisme, ce proverbe rappelle la triste condition de ceux qui sont pauvres et qui n'ont pas la possibilité de faire ce qu'ils veulent ou d'obtenir ce qu'ils désirent. C'est aussi un conseil à la modération : soyons réalistes, entreprenons seulement les projets que nous pouvons effectivement réaliser!

420. Hayre feere nder ndiyam

Une pierre tout seule dans l'eau.

Ko halki fu, ko hornaay yi'eego nanndi e hayre feere nder ndiyam.

Tout ce qui est complètement perdu et qui ne sera jamais plus retrouvé ressemble à une pierre, seule dans l'eau.

Image saisissante de la situation de dénuement et de solitude du pauvre.

421. Bone defi dumo

C'est le malheur qui a cuisiné le son.

Nde gawri re'ii, doole koota saanyo. To gawri e woodi, moy tefata saanyo ? To ndiyam booððam e woodi, moy yarata ndiyam mbarinaaðam?

Quand il n'y a plus de mil, il faut bien préparer une bouille à base de son (issu de la mouture de mil). Mais s'il y a du mil, qui pense vraiment au son ? S'il y a de la bonne eau, qui boit l'eau décantée (eau boueuse traitée) ?

C'est un simple constat : on n'utilise pas la farine de son (c'est-à-dire l'enveloppe qui entoure le grain de mil) quand on dispose de la farine du mil. Proverbe évoqué souvent, dans des contextes différents, pour montrer de quelle manière le pauvre s'adapte à sa condition.

422. Heppere sonndi defi sa'anyo

C'est le manque de farine qui pousse (le pauvre) à préparer le son.

Variante du proverbe précédent. En période de disette, on s'habitue à tout type de nourriture. Même la nourriture qu'on rejette normalement.

423. Nyaw to hoyaay, no warey

Si elle ne guérit pas, la maladie tuera.

Nyaw daga nder ðiðum woni : daga hoya say maaya.

Quand tu es malade, il y a deux possibilités : ou bien tu guéris ou bien tu meurs.

Le proverbe affirme que souvent dans la vie nous n'avons pas beaucoup d'options.

424. Hula diiwe

Craindre les bêtes sauvages.

A hisataa diiwe kul aɗa nder majje. Neɗɗo nu huldi maayde fu, o hisata ɗum, gam no warey.

Tu n'échapperas pas aux bêtes sauvages si tu es déjà au milieu d'elles. Même si l'on craint la mort, on ne l'échappera pas, parce qu'elle finira par venir.

Inutile de penser qu'on peut échapper à certains malheurs. Le malheur et la souffrance font partie de l'existence même de tout être humain.

425. Gulɗo ko wanni e koonji ?

Est-ce que l'odeur de brûlé peut-il tracasser le brûlé?

To torra mawka waɗi, naawɗum pamarum raarataake. Gulɗo, naawɗum mum tan o woyata.

Quand il y a eu un gros malheur, on ne donne pas beaucoup d'importance au petit malheur. Celui qui s'est brûlé, se plaint seulement de sa propre douleur.

Le pauvre connaît la vraie misère et sait relativiser toute forme de simple inconfort. A l'intention de ceux qui regrettent une perte, qui, après tout, est bien petite.

426. Gulaangal ko wanni e naange ?

Est-ce que l'herbe brulée est-elle tracassée par le soleil ?

Même signification que le proverbe précédent. Normalement, une herbe fraîche craint la force du soleil, parce qu'elle en pourrait souffrir. Mais une herbe qui a déjà été brulée par le feu ne se soucie plus du tout du soleil. Proverbe qui évoque la situation de ceux qui expérimentent déjà une situation d'extrême pauvreté et détresse et qui ne peuvent pas être affectés par une simple situation d'inconfort.

427. Woynndu wanaa no fijirde bumɗo

Un puits profond n'est pas l'endroit où un aveugle joue.

Bumɗo kul e fijja, faa o warii e woynndu, no yooloto. Tagu waɗata to semmbe mum hokkaay ɗum.

Si un aveugle est en train de jouer et arrive près d'un puits profond, il tombera (dedans). Personne ne doit entreprendre ce qui est au-dessus de ses propres forces.

L'aveugle représente le pauvre (voir aussi n°33, n°417 et n°433). Un pauvre doit toujours faire attention à ne pas entreprendre des actions risquées ou hasardeuses, au-dessus de ses capacités.

428. Motteyɗo e canyoo fu, Allaa e ɓuri garaaji

Dieu a plus de fil que la fileuse et le tisserand ensemble.

Gam Alla hokkiɓe garaaji maɓɓe fu.

Parce que c'est Dieu qui leur a donné leur fil.

Proverbe d'origine religieuse, pour rappeler qu'il faut toujours espérer, même dans des situations de détresse extrême.[145]

429. Jom waawii

Le possesseur peut (un riche est puissant).

Mo jeyaa no tokkey tan. Jom hunnde jeyii daabare. Mo jeyaa no wolwey tan.

Celui qui ne possède rien ne fait que suivre (les autres). C'est celui qui possède (le riche) qui se débrouille. Le pauvre (celui qui n'a rien) ne fait que parler.

C'est la remarque du pauvre : un riche peut faire tout ce qu'il veut. En réalité, d'une manière indirecte, on met amèrement l'accent sur le fait que le pauvre ne peut pas faire ce qu'il désire.

430. Fuɗɗam majoore tuttol jooɗe

Le commencement de la folie c'est la bave (de la bouche).

Huunde fu seese-seese fuɗɗata, seese-seese waroyita.

Toute chose commence doucement et elle s'agrandit tout doucement.

Toute chose malheureuse a toujours des débuts discrets.

[145] Voir H. Gaden (1931) n°315

431. Jam hibbintaa baɗɗo e winde

La paix n'abandonne pas un nourrisson dans un ancien campement.

Kul a hibbini baɗɗo e winde, say goɗɗum mawɗum waɗi, gam ɗum waɗataake e meere.

Il doit y avoir une raison bien grave pour abandonner un nourrisson dans un ancien campement. En effet, on ne ferait jamais cela sans une raison.

Au moment de déménager un campement, on n'abandonne pas à cœur léger un nourisson. Il y a des situations extrêmes qui expliquent des comportements extrêmes. Cela se dit, par exemple, au sujet de certains choix apparemment irrationnels de la part des gens qui sont dans la détresse (voir aussi n°438 et n°455).

432. *Goɗa arannde e gaɗaare*

L'avant est mieux que l'après.

Tagu to miili huunde neeɓɗum, no yeggitey torra mum, amma o yeggitataa booɗɗum mum. To gaɗaare boni, arannde e ɓuri wooɗgo.

Quand on pense aux choses passées, on oublie leurs aspects tristes et on se rappelle de leurs aspects heureux. Et quand par la suite les choses s'empirent, on pense toujours que le passé a été bien meilleur (que le présent).

Remarque pleine de finesse psychologique, au sujet de la douceur de la mémoire des choses du passé. Voir par contre n°396.

433. Jemma heenyiti bumɗo

La nuit a achevé l'aveugle.

Mo yi'ataa nyalooma e yi'a jemma ? Jemma heenyitake mo fu. Neɗɗo kul waawano huunde ila bone waɗaay, hakko to bone waɗi

Celui qui ne voit pas le jour, peut-il voir la nuit ? La nuit rendra complète sa cécité. Si quelqu'un ne pouvait pas faire certaines choses avant d'être frappé par le malheur, à plus forte raison il ne pourra pas les faire après avoir été frappé par le malheur.

Pendant la nuit, l'aveugle est encore plus aveugle que de jour. Une situation de misère qui s'ajoute à une situation déjà bien critique. On évoque ce proverbe au sujet de personnes qui sont déjà dans la peine et qui sont frappées par un nouveau malheur. Pour le rapport « aveugle – pauvre » voir aussi n°33 et n°415.

434. Yi'igo naawðum rufataa yitere

Le fait de voir la souffrance ne fait pas verser l'œil (hors de son orbite).

Yitere to yi'i naawðum, nanataa nawðum, ɓernde tan nana nawðum. Ko woni naawðum fu, woni maayde ɓiia : ndeehan, yitere ma no woyey, amma nde rufataa.

Quand l'œil voit la souffrance, il ne souffre pas, c'est plutôt le cœur qui éprouve de la douleur. La mort d'un fils est la plus grande des peines. Et pourtant, à ce moment-là, l'œil ne sort pas (de son orbite).

Même si elle est grande, une souffrance ne fait pas sortir nos yeux de leurs orbites : c'est-à-dire, elle nous laisse toujours vivants, elle ne nous tue pas. Il faut alors, après chaque souffrance, se relever et continuer à lutter, même dans les situations les plus pénibles. C'est un message d'espoir.

435. Doole heppaay to waali koo nder yitere

La nécessité ne manque jamais d'espace où pouvoir se coucher, même dans un œil.

Doole walaa to walaa. Neððo yiði yiðaa, to doole waði, daabare fu walaa.

La nécessité est partout. Qu'on le veuille ou non, quand il y a la nécessité, il n'y a pas de remède.

L'existence humaine doit toujours faire face à des contraintes et des obligations qu'il faut accepter. C'est ce que le pauvre expérimente continuellement. D'où le besoin d'être toujours patient.

436. Joonde caka hoore kareeru

Une plaie au milieu de la tête du chien.

Joonde caka hoore wanni kareeru, gam ndu heɓataa ndu taha ðum. Huunde wanni ma, bo walaa ko mdaðata

Une plaie au milieu de la tête tracasse le chien, parce qu'il n'arrive pas à la lécher. Quelque chose te tracasse et pourtant tu n'y peux rien.

Ce proverbe évoque un malheur, une situation sans issue, dans laquelle on est complètement désemparé.

437. Keɓɓel nder ɓokkorde

Une petite graine de cram-cram dans la queue.

Keɓɓe welaa e ɓanndu. Amma keɓɓel nder bokkorde, naawɗum ɓurɗum ɗum walaa.

Une graine de cram-cram (*Cencrus biflorus*) n'est jamais agréable dans le corps (d'un animal). Mais il n'y a pas de plus grand embêtement que le cram-cram qui s'est logé dans sa queue (puisque il ne pourra pas l'atteindre pour l'enlever).

Signification proche à celle du proverbe précédent. Une souffrance qui s'ajoute à une situation préalable de très grande détresse.

438. Ko ɓortiri salla e daande

Ce qui fait enlever les pantalons par le cou.

Kul a yi'i neɗɗo ɓortiri salla e daande, say doole maawɗum waɗi, amma wanaa e meere.

Si tu as vu quelqu'un enlever ses pantalons par le cou, c'est certainement à cause d'une grande nécessité, ce n'est pas pour rien.

La pauvreté peut pousser à adopter des comportements extrêmes et apparamment irrationnels. Pourtant, certains manières d'agir des pauvres peuvent être tout à fait justifiés dans certaines circonstances (voir aussi n°431 et n°455).

439. Luỹki welaa e pooỹɗo

Un massage n'est pas apprécié par une personne maigre.

Komo'e e belɗum mum, gam belɗum pooỹɗo wanaa no luỹki, boo luỹki no belɗum e paayɗo. Beelaaɗo yiɗaa koomi kul na njaram.

A chacun son propre plaisir. Une personne maigre n'aime pas les massages, et pourtant les massages sont bons, tout au moins pour ceux qui sont gras. Seulement la nourriture constitue le bonheur de l'affamé.

Chacun connaît l'aide dont il a besoin.

440. Mollere warti caarol

Des selles dures sont devenues une diarrhée liquide.

A heɓi bone gaɗa bone. Bone ma ustaaki, amma besɗorake.

Tu as expérimenté souffrance après souffrance. Et ton malheur au lieu de diminuer n'a fait qu'augmenter.

Par une image crue, le proverbe évoque le fait que, souvent, les petits malheurs ne sont que le prélude à des malheurs encore plus grands.

441. Togu walaa winde

Le charme (d'une personne) n'a pas d'ancien campement (ne laisse pas de traces).

Le terme *togu* définit le charme dont une personne (qu'on appelle *toginðo*) est dotée, son emprise sur les autres. Le proverbe rappelle que, comme tout bonheur, le charme est périssable, éphémère, ne dure pas. Il disparaît et on ne pourra jamais plus le reconnaître.

442. *Kul geroogal woyaay, li'o welataa*

Si la poule n'a pas pleuré, la sauce n'est pas bonne.

Pour obtenir une sauce savoureuse, il faut d'abord tuer la poule. Il n'y a pas de bonheur sans souffrance.

443. Gonðo jikaare heppataa cilol

Le propriétaire d'une sacoche (en cuir) ne manque pas de lanières.

Gonðo mawðum heppataa pamarum. Mo walaa fi raardataake. Mo o tammoraaka, o raardataake. Amma gonðo fi, kam raardete, kam ɓaðete. Kul emo woodi e tammora ðum, kul o walaa ðum, e tammora ðum fa jo'oni

Celui qui a un grand bien ne manque pas de petits biens. Celui qui n'a rien, n'est pas recherché (par les autres). On ne recherche pas celui qui a la réputation de ne pas être riche. On s'approche plutôt de celui qui possède (des biens). S'il possède, on le soupçonne de posséder (encore plus); et s'il ne possède rien, on le soupçonne tout de même.

Le proverbe affirme que le riche doit assumer sa situation et venir en aide aux autres. Indirectement, il souligne aussi la solitude du pauvre, qui n'est recherché pas personne.

444. Dogga luuro yaanta e fayaalo

Echapper la cavité (de l'arbre) et tomber dans le gouffre.

A huley luuro, gam luuro naatataake, daga a doggey. Amma ko kulðaano e yeeso ɓurdum luuro.

Tu crains la cavité de l'arbre, parce que tu ne peux pas y entrer. Et alors tu t'en éloignes. Mais en fait, ce que tu devrais craindre plus que la cavité se trouve devant toi.

Proverbe à l'intention de quelqu'un qui a cru échapper à un malheur, mais qui finalement va à l'encontre d'un malheur encore plus grand.

445. Wiraaki, ndu wonna

Etre absent, elle (la maison) s'abîme.[146]

Neɗɗo ɗum mum yiɗaa yaha ba ɗo, nden goɗɗo wara hooƴa ɗum mum. Njiɗɗo ɗum mum, emo jooɗo e wo'ore, o sottata fu, emo reena risku mum tan

Celui qui aime son propre bien, ne veut pas s'en éloigner, par peur que quelqu'un d'autre vienne le saisir. Celui qui aime son bien, reste à un seul endroit, ne bouge pas, il protège son bien.

Regard amusé sur l'attitude du riche qui n'ose même plus s'éloigner de ses possessions par peur de les perdre.

446. Gafel hooti e gafrugel

La petite (chèvre) qui n'avait pas de mère (qui tétait une mère adoptive) est maintenant devenue (à son tour) une mère adoptive.

Ngonnooɗo ndenno walaa hannde. Mo walaano ndenno, hannde e woodi. Duubi mbayle ngoodi.

Celui qui autrefois avait des biens n'a plus rien aujourd'hui. Et celui qui n'avait rien autrefois, aujourd'hui est riche. Les années sont (apportent) le changement.

Vue réaliste de la condition humaine. Le riche ne reste pas toujours riche, et le pauvre non plus n'est pas destiné à rester toujours pauvre. Voir aussi n°377, n°389, n°413 et n°482.

447. Bi ƴogo'o maayii ɗomnka

Le fils de celui qui tire la puissette du puits (pour abreuver les animaux) est mort de soif.

To neɗɗo heppii ko o woowino, ngal keppal no wartaney mo kama maayde.

Si quelqu'un manque à l'improviste de ce à quoi il était habitué, ce manque devient pour lui comme une mort.

---

[146] Le pronom *ndu* se réfère à *suudu* (maison).

Observation pleine de finesse. On peut perdre rapidement ses propres biens.

448. Bi diskuɗo keppal wari ɗum

Le manque a tué le fils du riche.

Même sens que le proverbe précédent.

449. Woomnugo saɗaa, ittugo saɗi

S'habituer à quelque chose n'est pas difficile, ce qui est difficile c'est de perdre (ôter) cette habitude.

A woomni neɗɗo fi. Nyannde ngarɗa ittugo fi, ɗum saɗi. Ko mboowɗa fu, aɗa yiɗi ɗum. A yiɗaa itteego e muuɗum

Tu as habitué une personne (à utiliser) quelque chose. Par la suite, cependant, il te sera très difficile de la lui enlever. On veut (garder) tout ce à quoi on s'est habitué, on ne veut pas s'en priver.

Remarque pleine de finesse psychologique. On s'accroche aux personnes, aux lieux et aux objets connus.

450. Winnde si'ire heppataa laalaje

L'endroit où il y avait autrefois un village ne manque certainement pas de morceaux de calebasses cassées.

Diskunooɗo heppataa huunde fu : kul a yehi to muuɗum, a towataa mo o walaa koomi.

Le riche d'antan ne peut pas manquer de tout : si tu vas chez lui, tu ne le trouveras pas dans la pénurie totale.

D'une certaine manière on reste toujours ce qu'on est, malgré les malheurs. On utilise ce proverbe pour dire qu'une belle femme restera toujours belle, même dans sa vieillesse.[147]

451. Geɗal e hunani joomum

Le lot a tout misé sur son propriétaire.

Huunde halki, faa ngoytoyiɗa. Daga a mooɓey ɗum. Gam ge'dal fu no hootey to joomum

---

[147] Pour le terme *winnde* voir aussi n°6 et n°403.

Ta chose (bien) s'est égarée et tu as désespéré. Et puis voilà, tu la retrouves à nouveau. En effet, tout bien finira par revenir dans les mains de son propriétaire.

Il ne faut jamais désespérer, même dans les situations les plus difficiles.

452. Wulaay, feewaay

Ce n'est pas chaud, ce n'est pas froid.

Goððum fi waði. To ðum waði, ila ðum neeɓaay, ila fi aranum wulaay-feeway, goððum ma waði. Neððo hokki ma huunde. Ila ðum waðaay balðe, a so''oyito to mum ƴama mo huunde goððum kaðima. Nden o'o no wi'ete : « Ee, Waane, ila fi wulaay-feeway co''ooyitoða ngara ƴama yam goððum ? »

Il s'est passé quelque chose. Après cela, alors que les choses ne sont ni chaudes ni froides, quelque chose d'autre arrive. Par exemple : une personne t'a donné quelque chose; et après quelques jours, tu reviens à elle pour lui demander encore quelque chose d'autre. Alors elle te dira : « Eh, Un Tel, alors que les choses (que je t'avais données) ne sont pas encore ni chaudes ni froides, tu reviens pour me demander encore autre chose ? ».

Pour exprimer l'insatiabilité du cœur humain. On n'est jamais rassasié et on veut toujours plus. Proverbe qui, indirectement, conseille la retenue et la modération.

453. Gaylo'o ko waði fu heptaay

N'importe quoi il fasse, un berger à gage n' a jamais raison.

To na'i janngi e huðe, to ði ngartiloyi e huðe. Talka ko o waði fu wooðataa.
On le réprimande si les vaches rentrent au campement trop tard la nuit, on le réprimande aussi si elles rentrent trop tôt. Un pauvre n'est jamais apprécié pour ce qu'il fait

Triste sorte du berger à gage qui garde les bêtes des autres. C'est une métaphore de la condition du pauvre, qui ne contrôle pas sa propre destinée. On fait allusion ici aux bêtes *jokkereeji*,[148] c'est-à-dire les bêtes gardées pour le compte de propriétaires étrangers et sur lesquelles les bergers à gage n'ont pas de droits (sauf sur leur production laitière).

[148] Litt. « les (bêtes) collées » ou « juxtaposées » (à celles qui appartiennent à un individu).

454. Jom gawri jeyi wowru

Un mortier est au propriétaire du mil.

On n'a pas besoin d'un mortier si on ne possède pas de mil. Le pauvre a des possibilités limitées. Mais le proverbe a aussi une connotation sexuelle (le mortier désigne d'une manière allusive le vagin, alors que le pilon est le pénis). Voir aussi n°499.

455. Dullere inna musini maama

Le manque de mère pousse (le veau) à téter la grand-mère.

Huunde warti doole, gam kul doole walaa, maama musintaake, inna e woodi.

La force de la nécessité : parce que normalement un veau ne tête pas sa grand-mère, si sa mère est vivante.

Pour obtenir quelque chose d'important ou pour sortir de sa misère, on est prêt à tout (voir aussi n°431 et n°438).

456. Geɗal faaɓru wanaa dow teenaaki

L'héritage du crapaud ne se trouve pas sur un arbre.

Ko heedata dow teenaaki fu, faaɓru heɓataa ɗum. Talka no o yirri huunde fu, kul o walaa semmbe majjum, o heɓataa ɗum.

Un crapaud ne peut pas obtenir ce qui se trouve sur un arbre. Un pauvre, malgré tous ses désirs, ne peut pas obtenir ce qui est au-delà de ses capacités.

Le pauvre doit se contenter du peu qu'il possède et ne pas entreprendre ce qui est au-dessus de ses capacités. Proverbe à l'intention de ceux qui rêvent d'entreprendre des projets irréalisables.[149]

457. Gehere bumɗo nde wo'ore hukkata

La marmite de l'aveugle ne crame qu'une seule fois.

Nde go'o bumɗo jippiney gahere mum ilaa nde woonyaay, ilaa e nde feewi.

La prochaine fois, l'aveugle enlèvera sa marmite du feu avant même qu'elle commence à bouillir, quand elle est encore froide.

On peut toujours tirer des leçons de ses propres fautes et erreurs.

[149] Voir aussi H. Tourneux- D. Yaya (1998) p. 146.

458. Ngaynaaka no leeɓol foraandu

L'élevage des animaux est comme un poil de la narine.

Diifol leeɓol foraandu no nawɗum : faa caka yonki neɗɗo nanata naawɗum. Waharaneego bisa no naawɗum, kama itta yonki.

L'arrachement d'un poil de la narine fait mal : il s'agit d'une douleur qu'on éprouve jusqu'au profond de l'âme. Subir la mort d'une bête (du troupeau) est une douleur, comme si on enlevait l'âme.

Tout éleveur est profondément lié à ses bêtes. Toute perte de bétail constitue une épreuve très douloureuse. Le terme *ngaynaaka* désigne moins une activité productive (élevage d'animaux) qu'un mode d'être et de vivre.

459. Heppere kelli senyi dukuhi

C'est parce qu'on manque de Grewia bicolor qu'on fabrique la flèche avec du Celtis integrifolia.

Jogiiɗo kelli senyataa dukuhi, gam kelli e ɓuri dukuhi semmbe. Gam neɗɗo heppi kelli watta o senya dukuhi.

Celui qui possède du *kelli* (Grewia bicolor) n'utilise pas le *dukuhi* (Celtis integrifolia), parce que le *kelli* est bien plus fort que le *dukuhi*. C'est bien parce qu'on manque de *kelli* qu'on utilise le *dukuhi*.

Le proverbe rappelle que pour fabriquer une flèche on utilise généralement un bois dur, sauf quand on ne peut pas en trouver. De manière métaphorique, on dit qu'il faut se contenter du conjoint qu'on a déjà plutôt que penser d'obtenir un autre meilleur (voir aussi n°488).

460. Hoowoobre wi'i : « Raa semmbe, gite ngalaa ».

La scarabée bousier a dit : « Voici la force, pas d'yeux ».

Hoowoobre e woodi semmbe, amma ɗum nafataa nde, gam gite woni walaa. Kul neɗɗo yiɗi waɗgo yehere, amma o walaa laawol majjum, ba hoowoobre wa'ii.

Le scarabée bousier (qui transporte de gros morceaux de bouse) a une grande force, mais cette force ne lui est d'aucune utilité, parce qu'il n'a pas d'yeux. Si quelqu'un veut faire une bonne action, mais n'en n'a pas la capacité, ressemble aux scarabée bousier.

Constatation amère au sujet de l'inutilité des efforts de ceux qui sont limités et ne peuvent pas faire tout ce qu'ils voudraient accomplir.

461. Kul hunnduko haɓɓi, ɗemngal fiɓtataa

Si la bouche est fermée, la langue ne se délie pas.

To neɗɗo miilay ngoɗka, ɗemngal wia'ataa ka, gam hunnduko jeyi ɗemngal. Ɗemngal say to ngal heɓi laawol, nden ngal wolwata. Maccuɗo say to heɓi laawol e jowmum, nden o waɗa ko ɓernde mum yiɗi.

Si quelqu'un n'a pas l'intention de dire quelque chose, sa langue ne la dit pas, parce que c'est à la bouche qu'appartient la langue. Pour parler, il faut que la langue en ait la permission. Un esclave ne fera pas ce que son cœur désire, il ne la fera que si son propriétaire lui donne la permission.

Encore un proverbe sur la condition et l'état de dépendance des pauvres.

462. Maayɗo sooyi ndi li'o

Pas (de bouillie) avec sauce pour un mort.[150]

Gaɗa maayde walaa goɗɗum, maayde walaa maagani.

Après la mort, il n'y a plus rien, il n'y a pas de remède à la mort.

Au sujet de situations difficiles pour lesquelles il n'y a pas de solution.

463. Bojel wanyataa barɗo ngel, say bakkiɗo.

Le petit lièvre aime moins celui qui l'a tué que celui qui l'emporte sur son dos.

Pour un lièvre, le fait d'être emporté vivant sur le dos de son chasseur constitue certainement une situation inconfortable, mais elle est tout de même préférable à celle d'être mort.

464. Mboongal keereeje no toowney fiiro

L'expérience de gourdins fait voler très haut (les oiseaux).

Kul a woowi naawɗum goɗɗum, to a yi'i haal eɗum wara kaɗima dow maaɗa, a darataako, a nyaarey tan.

Si tu es habitué à un certain malheur et tu as compris que ce mal est en train de te frapper à nouveau, tu ne restes pas sur place, tu t'en vas en courant.

Il faut savoir tirer des leçons du passé.

---

[150] Le pronom *ndi* se réfère à *nyiiri*, bouillie (boule de mil), qui est accompagnée par une sauce.

465. Daama roondooɓe

Le soulagement de ceux qui ont une charge sur la tête.

Daama walaa e doondiiðo. To a yowani hoore ma tedduðum, a walaa daama majjum say to a resi ðum. Nanðo naawðum heɓataa daama, say to o seedi e majjum.

Pas de repos pour celui qui porte une grosse charge sur sa tête. Pas de soulagement jusqu'au moment où il l'a déposée. Egalement, pas de de soulagement pour celui qui est dans la détresse jusqu'au moment où il en a été délivré.

466. Ko ɓernde yiði, kanjum faayanta ɓanndu

C'est ce que le cœur désire qui profite au corps.

Ko ɓernde ma yiðii, ko njiðða, ko mboowða, kanjum tan nafata ɓanndu ma. Kul aða jooði ðo, joonde nde njooðiða, a nafataako kul wanaa dow e nde weli ma njoðiiða.

Ce que ton cœur veut, ce que tu désires, ce à quoi tu es habitué, c'est cela qui profite à ton corps. Tu ne tires aucun profit si tu n'es pas avec ce qui te fait plasir.

Il faut toujours rechercher l'objet de nos désirs.

467. Nyenyi boni, deðo wooðaay

Les ourlets (de la culotte en cuir) se sont abîmés, la culotte n'est plus belle.

Au sujet de quelqu'un qui se serait donné beaucoup de peine pour rien. Tout ce qu'il fait maintenant n'aura plus aucune valeur.

468. Yitere yiðaa koðo

L'œil n'aime pas l'hôte.

Ko booðel yani nder yitere ma, a naney naawðum. A welnataa mbaðaa ngondi. Say mbi'ataa ndaraneeða. Nawnaande fu e munye bannda ka nawnaande yitere. Nawnaande kul heedi e yitere, a hornaay gollal fu.

Si une petite brindille de paille est tombée dans ton œil, tu éprouveras de la douleur. Tu ne te sentiras pas bien, tu auras des larmes. Il faudra qu'on t'aide. On peut supporter toute douleur à l'exception de celle de l'œil. Si tu as mal à un œil, tu ne pourras pas travailler.

Il y a différents niveaux de douleurs et de souffrances. Certaines souffrances sont absolument insupportables.

469. Arti rimeego, sakkiti howeego

Premier dans la naissance, dernier dans le mariage.

Waane waðani am « arti rimeego, sakkiti howeego » : rammi, ðo yooði les makko, mi neeɓðo les makko. Amma o raaraay am fu, o raari goððo keso, o salake am.

Un tel m'a fait « premier dans la naissance, dernier dans le mariage » : me voici à côté de lui depuis longtemps, et pourtant il ne m'a même pas daigné d'un regard et il s'est plutôt tourné vers quelqu'un qui est à peine arrivé, il m'a négligé.

Normalement, c'est bien le frère aîné qui se marie avant le frère cadet. Mais parfois les priorités ne sont pas respectées. Ce proverbe évoque la situation de celui qui fait l'objet d'une injustice.

470. Teppere diggii, ngal waðaay

Le talon s'est complétement usé, (le travail) n'a pas été achevé.

A waði gollal ma faa a tampi. Ammaa gollal ma wooðaa, ahan a besðaaki. Goððo hinti, emo waali, boo o riski. Ahan a yintii aða dari, boo a riskaay.

Tu as travaillé, tu t'es fatigué. Mais ton travail n'est pas été bon, tu n'y as rien gagné. Par contre, quelqu'un d'autre a passé toute la journée à dormir, et pourtant il s'est enrichi. Toi, tu es resté débout toute la journée, sans t'enrichir.

C'est l'amer constat de l'injustice : les échecs des personnes honnêtes et les succès des méchants.

4.3 Riches et pauvres

471. Diskuðo no banndu koowa

Une personne riche est le parent de tout le monde.

Mo riskaa walaa njiððo ðum. Mo walaa, moy ɓattoto ðum? Amma diskuðo, koowa e yiðii jodaago les makko.

Personne n'aime celui qui n'est pas riche. Qui en fait veut s'approcher de celui qui ne possède rien? Au contraire, tout le monde voudrait s'asseoir près du riche.

Le riche est loué et flatté par tout e monde (à la différence du pauvre).

472. Albarka geroogal pallandi yarata ndiyam feho

C'est grâce à la poule que le lézard peut boire l'eau du petit récipient.

To geroogal walaa, toy pallandi heɓata ndiyam? To tagu geeto walaa, toy talka heɓata ko morori?

En l'absence d'une poule, où le lézard peut-il avoir de l'eau ? En l'absence d'un homme droit, où le pauvre peut-il obtenir ce dont il a besoin pour sa subsistance ? [151]

Le pauvre et le faible ont besoin, pour survivre, de l'aide et la protection du plus riche et du plus fort. C'est le proverbe évoqué par celui qui sollicite humblement l'aide d'un puissant.

473. Kiggirɗo e waandu, sawru mum ɓilataako dow teenaki

Le bâton de celui qui a lié une amitié avec un singe ne restera pas accroché sur un arbre.

Gam waandu no ƴeenyey ɓilta ɗum. Gonnduɗo e annduɗo hulataa majjere. Gonnduɗo e jom semmbe hulataa koomi.

Le singe va vite monter sur l'arbre pour décrocher le bâton (et le rapporter). Celui qui vit avec une personne qui connaît (une région) n'a pas peur de se perdre. Celui qui vit avec un homme influent, ne craint rien.[152]

L'amitié et la protection d'un homme riche aide à dépasser les difficultés. Proverbe évoqué au sujet de ceux qui arrivent à sortir d'une situation difficile grâce à l'aide d'amis puissants.[153]

474. Noppi mbabba fu no go'o, ɓuhunndu woni ɓurndu.

Les oreilles d'un âne se ressemblent, la seule différence c'est le gonflement (d'une oreille).

Duuniyaaru fu no go'o, hakkillo mu'en fu no go'o. Kul neɗɗo yawii duuniya fu, yawi hoore mum tan, o walaa goonga, o kaaŋaaɗo

Tout le monde est semblable, leur intelligence se ressemble. Si quelqu'un méprise les gens, en fait il méprise soi-même, il a tort, il est fou.

Proverbe plein de sarcasme contre les orgueilleux et les prétentieux. Voir aussi les proverbes n°15 et n°17.

---

151 Voir H. Tourneux- D. Yaya (1998) p. 412.
152 Voir aussi le proverbe haousa correspondant in G. Merrick, op. cit. 1905, n°369.
153 Voir H. Tourneux- D. Yaya (1998) p. 509.

475. Nofru e hula gondal hoore

L'oreille a peur de coexister avec la tête.

Gam hoore e yiɗi moroski, amma nofru yiɗaa ki. Talka yiɗaa gonndal gonɗo : gam to o'o waddi ko ɗuuɗi, talka seɗɗahel tan o waddata, daga semteende o nanata.

A la tête convient un rasoir, mais pas à une oreille. Un pauvre n'aime pas vivre près d'un riche : parce que le riche peut apporter des quantités, alors que le pauvre ne peut apporter que peu de choses, et donc il en éprouvera de la honte.

Marginalisation et solitude du pauvre.

476. Nyawto'o ma nyawii

Ton guérisseur est tombé malade.

To kokko'o magani nyawi, to daabare ? To kokko'o heppi hunnde, toy kokketeeɗo heɓata ɗum? Dabaare fu walaa.

Quoi faire si le guérisseur meurt ? Si celui qui donne n'a plus rien, où peut-on obtenir ? Il n'y a plus de solution possible.

Situation d'impasse complète : il n'y a plus d'espoir de guérir si le le guérisseur meurt.

477. Haaŋaaɓe njari, ɗali ŷoŷɓe e njooɗi

Les fous ont mangé, ils ont laissé les avisés assis (avec leur faim).

Giɗanɗo reedu mum ɗali njardiddawo e jooɗi. O yiɗani ɗum mum, anndanaa ɗum goɗɗo.

Celui qui se soucie seulement de son propre ventre a laissé son convive sur place. Il s'est soucié uniquement de son propre bien et ignoré celui du proche.

Proverbe cité devant une injustice : les fous de ce monde sont rassasiés, alors que les pauvres restent piégés dans leur détresse.

478. Kaarɗo gollidataa e beelaɗo

Le rassasié ne travaille pas avec l'affamé.

Beelaɗo seɗɗa o gollata, gam o tampey. Amma kaarɗo ko ɗuuɗi o gollata, gam emo nana semmbe nder ɓanndu mum.

L'affamé travaille peu, parce qu'il se fatigue. Alors que celui qui est rassasie travaille, parce qu'il a de la force dans son corps.

Au sujet des inégalités et des différences qui existent entre le pauvre ou l'impuissant et le riche ou le puissant.

479. Melinngo mustete

On lèche la main qui a puisé (dans le plat).

Gonðo tan ɓaðete, mo walaa koomi ɓaðataake.

On cherche la proximité du riche, non pas celle du pauvre.

Remarque pleine d'humour du pauvre qui s'approche du riche pour obtenir une aide.

480. Ko ɓernde yiðaa waðataake

Ce que le cœur ne veut pas ne se fera pas.

Au sujet de l'inutilité des efforts d'obtenir l'aide d'un puissant qui ne nous aime pas.

481. Jawdi no hoggo semteende

Le cheptel est l'enclos de la honte.

Raa na'i ma no kawriti : no ði ðuurri fu a waawataa ittugo ði wakkasi fu, hokka bannda. Bo kul a hokkaay bannda, a semti. Nde'e semteende risku ma jeyi ðum.

Voici tes vaches rassemblées : même si elles sont nombreuses, tu ne peux pas constamment en prendre une pour la donner à ton proche. Et pourtant si tu ne donnes pas (du bétail) à ton proche, tu auras honte. Cette honte est bien causée par ta richesse.

Observation très fine sur l'ambiguïté de la richesse. Elle rapproche et éloigne les autres, en même temps. D'un côté, il y a le bonheur de posséder des biens et, d'autre côté, il y a les responsabilités nombreuses vis-à-vis des autres.

482. Tummuðe baranooðe ngaylanaama

Les calebasse qui autrefois étaient pleines ont été vidées.

Diskunooðo ndenno, hannde talkiði. Risku makko halki.

Celui qui était riche autrefois, aujourd'hui est devenu pauvre. Sa richesse a disparu.

Tout est éphémère, même la richesse. Voir aussi n°377, n°389 et n°413.

483. Nyiiwa yettataa, no halfinte ladde

L'éléphant ne remercie pas la brousse, il ne fait que se recommander (se fier) à elle.

Nyiiwa, wakkasi fu nder ladde nga woni.

L'éléphant est toujours dans la brousse.

L'éléphant ne réalise pas le bien qu'il tire de la brousse dans laquelle il vit. Pareillement, nous ne reconnaissons pas toujours les bons aspects de notre existence. Proverbe évoqué à l'intention de ceux qui ont toujours l'air de se plaindre de leur situation.

484. Neɗɗo anndaa yiite, say to o meemi nge

On ne connaît pas le feu à moins de l'avoir touché.

Tant qu'on n'a pas fait l'expérience de la pauvreté, on ne connaît rien de la détresse du pauvre et de l'indigent.

485. Seɗɗa no ɗum foti fu e ɓuri siya

Une tout petite quantité vaut plus que le manque.

Il faut savoir se contenter du peu qu'on possède.

486. Kosam heppataa wuro, say ɗam heppa ɗaanaago

On ne manque jamais de lait à la maison, même s'il n'a peut-être pas pu cailler.

Jogiiɗo jawdi heppataa kosam : kul na ɓiraaɗam, say penndiiɗam. A towey goɗɗum. Neɗɗo heppataa goɗɗum, no ɗum foti fu.

Un éleveur ne manquera jamais de lait chez lui : s'il n'a pas de lait frais, il aura tout de même du lait caillé. Tu en trouveras toujours chez lui. D'une manière ou l'autre, on a toujours quelque chose.

Encouragement à l'intention de ceux qui connaissent une dure épreuve: on a toujours les moyens qui nous permettent d'être résilients devant les épreuves.

487. Nyiiwa no famɗiri fu e ɓuri go'o gehere

Même un tout petit éléphant est bien trop grande pour ta marmite.

No njaworiɗaa goɗɗo fu, e ɓuranii ma mo a anndaa. Gam aɗa anndi nafuel makko, amma a anndaa ko mo a anndaa waddata.

La personne détestée que tu connais est préférable à la personne que tu ne connais pas. Parce qu'au moins tu connais le petit avantage qu'elle peut représenter pour toi, alors que tu ne sais pas ce qu'un inconnu peut t'apporter.

Image drôle, pour dire qu'il faut se contenter de ce qu'on possède et ne pas toujours désirer quelques choses d'autre.

488. Mo heppaay kosɗe dasortaako reedu.

Celui qui ne manque pas de jambes (celui qui a des jambes) ne se traine pas sur le ventre.

Dilluɗo dow ɓium yehii to bi goɗɗo. Boo bi goɗɗo nafataa non no ɓium nafrata.

Celui qui ne s'occupe plus de son propre fils et qui s'occupe du fils de quelqu'un d'autre. Pourtant le fils d'une autre personne ne pourra pas s'occuper de toi comme ton propre fils.

On ne doit jamais dévaloriser ce qu'on a et avoir un regard positif sur sa propre situation. Proverbe souvent cité pour dissuader un individu qui veut délaisser sa propre femme et chercher une autre (voir n°459).

489. Ton to ngal yuuri, to ngal fuccitete.

C'est là où elle (l'épine) a piqué qu'on doit l'enlever.[154]

Fii ton to ɗum huuci, ton ɗum raardete, wanaa banye.

On doit rechercher une chose là où elle se trouve, pas ailleurs.

Il faut se préoccuper seulement des vrais problèmes de notre existence et ne pas se soucier des petites choses.

490. Heedaande no yaayi wargo

Ce qu'on attend arrive vite.

Kul a waɗi munyal, wakkasi nde taƴɗa fu no warey. To nde wari a wi'ey: 'heedande no yaayi wargo!'

Si tu fais preuve de patience, le temps que tu as fixé (pour faire quelque chose) finira par arriver. Et quand le moment sera enfin arrivé, c'est alors que tu diras : « Ce qu'on attend arrive vite ! ».

[154] Le pronom *ngal* se réfère à *ƴial* (épine).

Une fois obtenu l'objet de notre désir, on oublie la longue attente et la peine encourue pour l'atteindre. Par exemple, au sujet d'une femme qui a attendu longtemps avant d'avoir un enfant.

491. Mi aawaay, woor mi yara ɗam mbe'a

Je n'ai pas semé (un champs), laisse-moi boire le lait de chèvre.

On est prêt à tout faire pour sortir de notre détresse (même à se nourrir du lait de chèvre).[155]

492. ***Mi nyaamaay demaandi, woor mi nyaama kalaaji***

Je n'ai pas mangé (le mil) cultivé, laisse-moi manger au moins les haricots.

Mi heỹay mi waɗan ma gollal aranal, woor mi waɗa sakkitingal. Kalaaji nanndaa e demaandi, amma fu no haarey reedu.

Je n'ai pas pu faire pour toi ce que j'avais prévu initialement, laisse-moi au moins te rendre un autre service. Pas de comparaison entre mil et haricots, pourtant même les haricots peuvent rassasier le ventre.

Comme le proverbe précédent. Dans la vie, il faut savoir se contenter de ce qu'on a.

493. Jawdi no ngufo

Le cheptel est comme la mousse.

Jawdi e ngufo fu no go'o : no ỹentey, yantey.

Le cheptel et la mousse se ressemblent: ça monte, et puis ça redescend.

Toute richesse et éphémère et provisoire, elle disparaît comme elle est venue.

494. Jawdi no pinaari

Le bétail est comme l'antimoine (qu'on met autour des yeux).

Pinaari e gite tam wooɗata, amma naawɗum ndi hokkata neɗɗo. Jawdi kama pinaari wa'i: gam durungol jawdi no haarney duuniya torra fu

L'antimoine n'est beau qu'autour des yeux, mais ça fait mal. Le bétail est comme l'antimoine : parce que l'élevage des bêtes comble les gens de toutes sortes de souffrances.

---

[155] Le pronom *ɗam* se réfère à *kosam* (lait).

C'est au sujet des difficulté des travaux liés au bétail, comme aussi de la précarité de toute possession de biens.

495. Ko yintii waalataa

Ce qui a passé la journée ne passera pas la nuit.

To a heɓaay njaraa nyalooma, a yarey to hiiri. Ko a heɓaay hannde, a heɓey jahango.

Si tu n'as pas pu manger pendant la journée, tu finiras par manger le soir. Ce que tu n'as pas obtenu aujourd'hui, tu l'obtiendras demain.

Les situations ne sont pas figées, la détresse n'est pas permanente. Dans la vie, il y a toujours l'espoir que les choses puissent s'améliorer.

496. Jogiiɗo e ɓuri mo joogaaki

Celui qui possède (des biens) vaut plus que celui qui n'en possède pas.

Risku e ɓuri siya risku; njamu e ɓuri siya njamu, ɓesdaari e ɓuri ustaari.

La richesse vaut plus que la pauvreté, la bonne santé plus que la mauvaise santé, l'accroissement plus que la diminution.

Constatation lucide au sujet de la condition du riche et aussi, indirectement, de ceux qui, à cause de leur pauvreté, ne peuvent pas obtenir ce qu'ils désirent.

497. Jom ngaari nyaamata heyre

C'est le propriétaire du taureau qui en mange le foie.

Joom fi heɓata riiba mum, amma kul a jeyaa huunde, huunde nafataa ma.

C'est le possesseur d'un bien qui en tire profit, alors que celui qui ne le possède pas n'en tire aucun avantage.

Encore une remarque amère sur la situation d'infériorité de celui qui ne possède rien.

498. Nannɗo belɗum no yeggitey goɗɗum

Celui qui a expérimenté un bonheur oubliera tout le reste.

To a nani belɗum, a hoornaay miilaago goɗɗum feere. Bo a anndi goɗɗum e wara. Neɗɗo nde nani belɗum fuu no haaŋete

Quand tu éprouves le bonheur, tu ne penses plus à rien du tout, et pourtant tu sais bien que quelque chose (différente) arrivera par la suite. Celui qui éprouve le bonheur devient comme un fou.

499. Wordu uni, rewru sedi

Le mâle a pilé, la femelle a vanné.

Gorko hooti e unki, debbo sedi. Torra mawkka waɗi, gam ko yi'ataake e yi'e.

L'homme s'est mis à piler (les graines de mil) et la femme à vanner. Il y a eu sûrement un grand malheur, parce qu'on voit ce qui d'habitude on ne voit pas

Des situations extrêmes peuvent pousser à faire des choses inhabituelles (comme l'homme à entreprendre des tâches domestiques). Mais, le proverbe fait aussi allusion à l'image sexuelle de l'homme/pilier (*unirgal*) et de la femme/mortier (*unrudu* ou *wowru*). Voir aussi n°454.

500. Waylitaneego labbo no keɓal

C'est déjà un gain le fait que la lance n'est plus pointée (contre toi).

To neɗɗo heɓi o yuwaaka, o heɓi. Ko neɗɗo heɓi fu, no keɓal. Keɓɗo hisi ɗemngal, hohora e jooreere, heɓi. Jooreere no duka-dukkaaru, amma no nde naawri fu, ɓuraay naawɗum ɗemngal.

Le fait de ne pas avoir été transpercé par une lance est déjà un gain. Et tout ce qu'on peut gagner c'est bien un gain. Celui qui a pu échapper à la pointe de la lance et qui a été touché par l'extrémité du manche de la lance, a déjà obtenu beaucoup. La pointe du manche est blessante, mais la douleur qu'elle produit n'est pas comparable à la douleur (infligée) par la pointe de la lance.

Dans la vie il faut savoir se contenter de ce qu'on a. Le fait même de n'être plus sous une menace constitue un bonheur qu'il faut apprécier.

INDEX

(Les nombres renvoient aux proverbes)

Amitié / Ami : 6 ; 8 ; 9 ; 13 ; 18 ; 26 ; 33 ; 36 ; 39 ; 41 ; 47 ; 61 ; 123 ; 167 ; 186 ; 293
Ancien / Vieux : 79 ; 80 ; 81 ; 82 ; 85 ; 86 ; 87 ; 88 ; 92 ; 93 ; 94 ; 101 ; 102 ; 139 ; 336
Animaux : Animaux sauvages (424) ; Abeille (236) ; Ane (17 ; 52 ; 327 ; 405 ; 474) ; Antilope (165, 242, 260) ; Autruche (77) ; Chèvre (161 ; 186 ; 227 ; 276 ; 319 ; 446 ; 491) Chien (56 ; 148 ; 149 ; 150 ; 208 ; 264 ; 305 ; 328 ; 436) ; Corbeau (361) ; (Crapaud (274 ; 310 ; 456) ; Eléphant (170 ; 478 ; 482) ; Gazelle (203 ; 244) ; Hyène (161) ; Lion (121 ; 340) ; Mouche-maçon (238) ; Oiseau (46 ; 70 ; 223 ; 324 ; 325 ; 336 ; 341 ; 350 ; 373 ; 408 ; 464) ; Pintade (64) ; Porc-épic (131) ; Poule (442 ; 472) ; Sanglier (165) ; Scarabée bousier (460) ; Serpent (132 ; 181 ; 337 ; 368) ; Singe (473 ; Varan (47 ; 236 ; 253). Voir aussi : Bœuf porteur ; Taureau ; Vache ; Veau.
Arbre : 44 ; 82 ; 83 ; Guiera senegalensis (89); 112 ; Figuier sauvage (139) ; Jujubier (135 ; 164, 369, 416) ; 183 ; 192 ; 225 (arbre et arbuste) ; 244 ; Palmier rônier (243) ; Palmier (250) ; 263 (Epineux) ; 334 ; Baobab (107 ; 343) ; 384 ; 444 ; 456 ; Grewia bicolor (459); 473.
Bœuf (porteur) : 87 ; 300.
Bonheur : 281 ; 371 ; 372 ; 373 ; 374 ; 375 ; 376 ; 385 ; 386 ; 387 ; 391 ; 397 ; 398 ; 400 ; 402 ; 403 ; 411 ; 412 ; 452 ; 498 ; 500.
Bras : Voir « Main »
Calebasse : 31 ; 163 ; 178 ; 217 ; 397 ; 402 ; 450 ; 482.
Campement : 6 ; 289 ; 403 ; 431 ; 441.
Caractère : 40 ; 109 ; 110 ; 111.
Cheptel : 233 ; 413 ; 481 ; 493 ; 494.
Cœur : 10 ; 35 ; 36 ; 37 ; 38 ; 60 ; 398 ; 409 ; 466 ; 480. Voir aussi : 136, 148, 285 ; 287.
Coexistence / Coexistence : 4 ; 32 ; 114 ; 141 ; 475 ; 478 ;
Cupidité : 278 ; 279 ; 280 ; 297 ; 321.
Dieu : 24 ; 220 ; 222 ; 230 ; 253 ; 274 ; 376 ; 388 ; 416 ; 427.
Don / Prêt : 4 ; 24 ; 25 ; 226 ; 229 ; 258 ; 278 ; 385.
Egalité / Inégalité (entre personnes): 15 ; 17 ; 477 ; 478.
Egoïsme : 282 ; 283 ; 288 ; 291 ; 292 ; 294 ; 295 (manque de générosité).
Enfant : 60 ; 65 ; 69 ; 82 ; 100 ; 103 ; 104 ; 105 ; 106 ; 108 ; 130 ; 139 ; 157 ; 245 ; 362 ; 370 ; 410 ; 431.
Ennemi : voir « Inimitié ».
Entraide : voir « Solidarité ».
Epouse : 50 ; 168 ; 169 ; 173 ; 174. Voir aussi : Mariage.
Espace (des hommes, à l'ouest du campement) : 4 ; 79
Expérience : 83 ; 86 ; 96 ; 97 ; 98 ; 239 ; 255 ; 457 ; 464 ; 484.
Femme : 142 . Voir aussi : Epouse.
Feu : 176 ; 211 ; 236 ; 254 ; 398 ; 410 ; 484.
Générosité / gratitude : 24 ; 25 ; 226 ; 227 ; 228 ; 230 ; 231 ; 232.
Groupe (parenté) : 2 ; 7 ; 11.
Handicapé : Borgne (76, 143, 416); Bossu (159) ; Aveugle (33, 76, 128, 143, 208, 427, 433, 457).
Honte : 208 ; 224 ; 256 ; 278 ; 312 ; 316 ; 481.
Hospitalité : 27 ; 61 ; 66. Voir : « Hôte ».

Hôte : 26 ; 27 ; 35 ; 36 ; 61 ; 66 ; 131 ; 162 ; 196 ; 197 ; 289. Voir aussi : « Hospitalité ».
Humilité : 59 ; 81 ; 249 ; 250 ; 251.
Impasse (situation): 204 ; 205 ; 206 ; 300 ; 476.
Incertitude (du lendemain) : 389 ; 390 ; 482.
Indécision : 347 ; 348 ; 349 ; 350 ; 351 ; 352 ; 356 ; 358 ; 360 ; 361 ; 366 ; 367 ; 368 ; 369.
Inégalité (entre les personnes): Voir Egalité.
Ingratitude : 274 ; 275 ; 276 ; 277 ; 282 ; 284 ; 287 ; 290.
Inimitié / Ennemi : 6 ; 8 ; 9 ; 115 ; 116 ; 123 ; 136 ; 203 ; 289 ; 293 (malveillant) ; 300 ; 310.
Initiative (esprit) : 236 ; 237 ; 240 ; 241 ; 253.
Injustice : 469 ; 470 ; 477.
Intelligence (pratique) : 214 ; 233 ; 234 ; 332.
Interdit : 140.
Jeune : 85 ; 86 ; 91 ; 96 ; 101 ; 373.
Lait : 155 ; 178 ; 275 ; 309 ; 392 ; 398 ; 486 ; 491.
Main / Bras : 15 ; 25 ; 131 ; 241 ; 248 ; 254 ; 291 ; 419.
Maladie : 423 ; 476.
Maladresse : 304 ; 309 ; 370.
Malheur : voir aussi «Bonheur » : 421 ; 422 ; 434 ; 436 ; 437 ; 438 ; 440 ; 444.
Manque : 422 ; 459 ; 485.
Marché : 51 ; 108 ; 215 ; 264 ; 302.
Mariage : 170 ; 209 ; 409. Voir aussi: « Epouse ».
Méchant : 311 ; 312 (malin) ; 337.
Mensonge : 261 ; 262 ; 264 ; 265 ; 266 ; 267 ; 268 ; 269.
Métiers : chasseur (303, 341, 463) ; berger (qui abreuve les animaux) (447) ; berger à gage (453) ; forgeron (130)
Modération / Prudence: 71 ; 72 ; 195 ; 242 ; 243 ; 246 ; 247 ; 259 ; 285 ; 286 ; 297.
Mort : 380 ; 381 ; 382 ; 395.
Nuit : 145 ; 206 ; 333 ; 378 ; 433.
Œil : 1 ; 7 ; 10 ; 27 ; 35 ; 37 ; 38 ; 43 ; 54 ; 136 ; 137 ; 239 ; 288 ; 366 ; 415 ; 418 ; 434 ; 435 ; 460 ; 468.
Oncle (maternel) : 1 ; 135 ; 286.
Orgueilleux : 273 ; 308.
Paix : 74 ; 376.
Pardon / Pardonner : 49 ; 50 ; 122 ; 152.
Parent : 19 ; 34 ; 42 ; 127.
Parenté (lien) : 1 ; 103 ; 104 ; 105 ; 106 ; 107.
Paresse / Paresseux : 320 ; 344 ; 345 ; 346 (affamé) ; 351 ; 352 ; 353 ; 354 ; 355 ; 357 ; 360 ; 361 ; 362 ; 365.
Patience : 188 ; 189 ; 190 ; 191 ; 192 ; 198 ; 200 ; 202 ; 210 ; 211 ; 212 ; 213 ; 219 ; 220 ; 221 ; 329 ; 377 ; 378 ; 379 ; 380 ; 381.
Pâturages : 99 ; 237 ; 242.
Pauvreté / Pauvre : 392 ; 415 ; 417 ; 425 ; 426 ; 446 ; 455 ; 460 ; 461 (dépendant) ; 462 (comme la mort) ; 496.
Persévérance : 198 ; 199 ; 218 ; 219 ; 220.
Précipitation (empressement, manque de patience): 207 ; 208 ; 217 ; 303 ; 307.
Prêt : voir « Don ».
Prévoyance : 57 ; 58 ; 113 ; 193.

Pudeur : voir « Retenue ».
Puits : 210 ; 216.
Repas commun : 4 ; 54.
Retenue : 55 ; 62 ; 64 ; 70.
Richesse / Riche: 299 ; 429 ; 443 ; 445 ; 446 ; 447 ; 450 ; 471 ; 479 ; 496 ; 497. Voir aussi : « Pauvreté ».
Saison : 53.
Sang : 275 ; 301 ; 379.
Santé : 111.
Soleil ; 277 ; 426.
Solidarité / Entraide: 3 ; 20 ; 25 ; 28 ; 29 : 30 ; 31 ; 43 ; 46 ; 47.
Solitude : 21 ; 22.
Sottise / Sot : 99 ; 309 ; 315 ; 316 ; 317 ; 319 ; 320 ; 324 ; 333.
Sourd-muet : 128.
Survie (startégie de s.) : 388 ; 421 ; 499.
Taureau : 88.
Tête : 16 ; 20 ; 106 ; 132 ; 358 ; 365 ; 436 ; 475.
Vache : 109 ; 177 ; 201 ; 202 ; 412 ; 458 (élevage).
Vaniteux : 313 ; 314.
Veau : 201.
Vengeance : 156 ; 157 ; 158 ; 159.
Ventre : 27 ; 63 ; 228 ; 246 ; 252 ; 258.
Vérité : 89 ; 90 ; 95 ; 271 ; 272.
Vieux : voir « Ancien ».
Voleur : 41 ; 256 ; 298.
Voyage : 33 ; 67 ; 125 ; 349.

AUTRES ECRITS DE L'AUTEUR

SUR LES PEULS ET LES WODAABE

- *Bonheur et Souffrance chez les Peuls nomades* Paris, Edicef, Conseil international de la Langue française, *1984*
- *DuDal. Histoire de famille et histoire de troupeau chez un groupe de Woɗaaɓe du Niger* Cambridge et Paris, Cambridge University Press & Editions de la Maison des Sciences de l'Homme, *1988*
- *Nomades Peuls*, Paris, L'Harmattan (avec photos de R. François et M. Gomez) 1988
- « Niger : Chez les Peuls Wodaabé » in *Pays du Sahel. Du Tchad au Sénégal, du Mali au Niger,* Dirigé par J. Vernet, Paris, Editions Autrement, 1994
- 'Pastoralisme, agro-pastoralisme et retour: Itinéraires sahéliens' *in Cahiers Sciences Humaines* 26 *(1-2) 1990 : 255-266*

TABLE DES MATIERES

AVANT-PROPOS 3

PREMIERE PARTIE : LES PROVERBES CHEZ LES WODAABE 6

DEUXIEME PARTIE : IMAGES ET REPRESENTATIONS 21

TROISIEME PARTIE : LES PROVERBES 39

1. VIVRE ENSEMBLE AU SEIN DU GROUPE 39
   1.1 La forces des liens communautaires 39
   1.2 Les leaders 64
   1.3 Les difficultés du vivre ensemble 73
2. LES BONNES MANIERES 96
   2.1 Patience, modération et prudence 96
   2.2 Générosité et gratitude 107
   2.3 Vigueur et courage 109
   2.4 Réalisme et humilité 112
3. LES MECHANTES MANIERES 117
   3.1 Mensonge, médisance et duperie 117
   3.2 Ingratitude et égoïsme 120
   3.3 Sottise et vanité 127
   3.4 Méchanceté et malice 138
   3.5 Paresse et maladresse 140
4. BONHEUR ET MALHEUR 147
   4.1 La recherche du bonheur 147
   4.2 La condition du pauvre et du malheureux 159
   4.3 Riches et pauvres 175

INDEX 184

Autres écrits de l'auteur sur les Peuls et les Wodaabe

Printed by Books on Demand GmbH, Norderstedt / Germany